Allan Guggenbühl

Was ist mit unseren Jungs los?

Allan Guggenbühl

Was ist mit unseren Jungs los?

Hintergründe und Auswege bei Jugendgewalt

KREUZ

© KREUZ VERLAG
in der Verlag Herder GmbH, Freiburg im Breisgau 2011
Alle Rechte vorbehalten
www.kreuz-verlag.de

Satz: de·te·pe, Aalen
Herstellung: fgb · freiburger graphische betriebe
www.fgb.de

Gedruckt auf umweltfreundlichem, chlorfrei gebleichtem Papier
Printed in Germany

ISBN 978-3-451-61002-8

Inhalt

1. Nimmt die Jugendgewalt zu?

Schlaglichter aus der Szene

»Total friedlich sind wir den Hirschengraben hinunter spaziert, mein Kumpel und ich. Cecile war auch dabei. Wir wollten in einen Club. Vorher wollten wir noch kurz auf die vordere Schanze. Ich sprach mit meinem Kumpel, worüber weiß ich nicht mehr. Plötzlich taucht dieser Typ vom Gäbelbachquartier auf. Wirklich ein total schleimiger Typ. Prompt hat er meine Freundin angemacht. Ich verlangte eine Entschuldigung. He Man! Respekt! Der Typ gafft mich jedoch nur an! Verpiss dich, habe ich dann gesagt, und lass meine Freundin in Ruhe! Der Typ wurde frech, bedrohte mich. Ich musste mich wehren, nachdem er mir einen Schlag in die Bauchgegend verabreicht hatte!« Bericht eines Jugendlichen über einen Vorfall während eines Spaziergangs. Der Polizeibericht schildert den Vorfall anders: »Die Jugendlichen waren schon ziemlich angetrunken, als sie die Straße hinunterzogen. Sie fielen durch ihre Pöbeleien auf. Eine Freundin eines dieser Jugendlichen begleitete sie. Das spätere Opfer kam ihnen entgegen. Das Mädchen erkannte in ihm einen ehemaligen Klassenkameraden und begrüßte ihn. Als er den Gruß erwiderte, stehen blieb und mit ihr sprechen wollte, rastete der Jugendliche B.O. aus. Er bedrohte ihn, zerrte ihn auf den Boden und begann auf ihn einzuschlagen. Er ließ erst von ihm ab, als der Wirt des Restaurants »National« einschritt. Das Opfer erhielt mehrere Faustschläge ins Gesicht, als es auf dem Boden lag. Es wird befürchtet, dass er dauerhafte Schäden davontragen wird.«

Zwei Schilderungen desselben Vorfalls. Wieso haben die beiden Burschen den zufällig vorbeikommenden Jungen attackiert? War ihnen nicht bewusst, welche Verletzungen sie verursachen, wenn sie ihn mit den Füßen an den Kopf treten?

Leider lesen wir immer wieder von solchen Gewaltexzessen: die Gewaltorgie der Jugendlichen aus Küsnacht auf unbehelligte Passanten in München am letzten Abend eines Klassenausflugs oder die sinnlose Ermordung eines Jugendlichen in Lugano. In München hatten drei Jugendliche ohne ersichtlichen Grund zwei Passanten zusammengeschlagen, in Lugano töteten vier Jugendliche während der Faschingstage einen Festbesucher, der ihnen zufällig im Weg stand. Nach der Tat zechten sie noch weiter und haben sich nicht um den Verletzten gekümmert, der in einer Blutlache liegend starb. Auf solche Vorfälle reagieren wir mit Wut und Verständnislosigkeit. Was ist mit der Jugend los? Ticken sie nicht ganz richtig oder handelt es sich um Psychopathen! Wir fragen uns, ob wir mit einer Welle von Jugendgewalt konfrontiert werden.

Wir stellen auch fest, dass es sich beim Großteil der Jugendlichen, die in die Gewaltszene verwickelt sind, um *junge Männer* handelt. Sie sind es, die zuschlagen, rauben und andere verdreschen. Sie gehen mit Fäusten oder sogar Waffen aufeinander los, schlagen sich in Gruppen oder kämpfen mit Repräsentanten des Staates. Junge Männer machen Schlagzeilen, kommen ins Gefängnis und sind Thema von Diskussionssendungen. Junge Frauen verhalten sich zurückhaltender. Natürlich sind auch sie aggressiv. Doch neigen sie weniger zu direkten körperlichen Attacken.[1] Ihre Delinquenzrate ist entsprechend niedriger.

Natürlich ist nur eine Minderheit der jungen Männer gewalttätig. Die überwiegende Mehrheit der jungen Männer verhält sich zivilisiert. Nach Medienberichten ist die Jugendgewalt ein echtes Problem und bereitet einer Mehrheit der Bevölkerung große Sorge. »Heute kann man sich auf der Straße nicht mehr sicher fühlen!« hörte ich einen Fahrgast im Zug klagen. Der Verweis auf die friedlichen jungen Männer klingt in den Ohren der breiten Öffentlichkeit und vor allem der Opfer zynisch. Es *darf* einfach nicht sein, dass man unschuldige Menschen brutal traktiert und dass Gewalt zu einer Freizeitaktivität wird. *Jede* Schlägerei ist inakzeptabel und ein Zeichen von Verrohung. Sicher: früher, da hat man sich auch geprügelt. Es gab Raufereien auf der Kirchweih, Auseinandersetzungen zwischen verschiedenen Stadtbezirken, und an Pop-Konzerten wurden regelmäßig die Stühle zertrümmert. Wir sind jedoch überzeugt, dass man damals noch die Grenzen beachtete oder vielleicht einen Ehrenkodex respektierte. Ein Kampf war vorbei, wenn der Kontrahent wehrlos am Boden lag. Schlägereien waren keine Freizeitaktivität, und sicher hat man niemanden »einfach so« oder aus »Langeweile« zusammengeschlagen. Wo liegen die Ursachen für diese Gewalttaten? Hat sich die Jugend verändert? Liegt es an der mangelnden Erziehung, der Immigration, den Killerspielen, dem veränderten Ausgangsverhalten?

Maßnahmen werden diskutiert: Menschen, die solche Taten begehen, müssen *härter* bestraft werden, wird gefordert.[2] Die Abgabe von Alkohol muss strikter geregelt werden, die 24-Stunden-Gesellschaft muss abgeschafft werden[3], und in der Schule müssen *alle* Schüler ein Anti-Aggressionstraining durchlaufen. Da uns das Wohlbefinden der unschuldigen Jugendlichen und die Sicherheit im öffentlichen Bereich am Herzen liegt, *muss* etwas unternommen werden. Vielleicht sollten Kinder bereits in der Grundschule lernen, wie man auf Gewalt verzichtet und gewaltfrei kommuniziert? Vielleicht müssen mehr Videokameras in Kernzonen montiert werden?[4] Vielleicht kann man aggressionsbereite Jugendliche dank neuer Screening-Verfahren frühzeitig identifizieren und einer Therapie zuführen?[5] Wir sind um die Sicherheit im öffentlichen Raum besorgt. Vor allem in städtischen Kernzonen äußern viele Eltern die Befürchtung, dass es für Jungen zu gefährlich wird, nach draußen zu gehen. Strolche, Banden lauern ihnen auf und bestehlen, erpressen sie oder attackieren grundlos Passanten. Müssen die friedlichen Jungen, die in der Mehrzahl sind, ihr Ausgangsverhalten ändern? Braucht es mehr Polizeikontrollen oder ein schärferes Durchgreifen der Gerichte?

Wie kann man die *zunehmende* Gewalttätigkeit der Jugendlichen eindämmen? Diese Frage wird regelmäßig von Journalisten in Podiumsveranstaltungen oder Fernsehsendungen gestellt. Wie selbstverständlich wird davon ausgegangen, dass wir mit einem Gewalttsunami konfrontiert werden. Es müssen sofort Maßnahmen ergriffen werden. Doch hat die Jugendgewalt wirklich zugenommen? Gibt es heute *mehr* gewalttätige Jugendliche als früher? Für die Medien scheint es eindeutig: Die Jugendgewalt steigt. In der Fachliteratur äußern sich unterschiedliche Stimmen. Die *Alarmisten* malen die Entwicklungen in der Jugendszene in düsteren Farben und warnen vor noch extremeren Vorfällen. Die *Relativisten* glauben an eine grundsätzliche Stabilität der Gesellschaft und sehen in den erhitzten Diskussionen über Jugendgewalt eine kollektive Hysterie.

Der Frage nach der Zunahme der Jugendgewalt können wir uns auf verschiedene Weise nähern. Wir können versuchen sie zu beantworten, indem wir auf unsere eigene Kindheit und Jugend zurückblicken. Wie stand es um die Gewalt, als wir selber junge, ungestüme Wesen waren? Wir verhielten uns schließlich auch nicht immer lammfromm. Es tauchen Bilder in uns auf, wie man herumhing, haschte, heimlich die »Bravo« las und die Beatles oder die Rolling Stones hörte. Man fühlte sich mutig, wenn man per Autostopp bis nach Turin fuhr oder zu den Konzerten von Animals, The Who oder Jimmy Hendrix pilgerte. Vielleicht haben wir sogar noch ein paar vergilbte Fotos, auf denen wir uns frech mit blumigen Hemden und Föhnfrisuren präsentieren. Wer in den Sechzigerjahren aufwuchs, hat Bilder von Happenings, Love-Ins und dem gemeinsamen Singen von »Give peace a chance« im Kopf. Wer in den Siebzigerjahren aufwuchs, schwärmte von ABBA und heißen Nächten in den Discos. Natürlich hörte man damals auch von Schlägereien, und selber verhielt man sich keineswegs immer brav, doch Raubzüge, Handyklau oder brutale Überfälle kamen nach den Erinnerungen der meisten Menschen nicht in Frage. Wir sind der Überzeugung, dass die Städte damals *sicherer* waren und man nicht weiter auf jemanden einschlug, wenn er auf dem Boden lag. Gewalt, wie sie heute in den Medien geschildert wird, kam kaum vor. Wir sind überzeugt, dass es die sinnlosen, hemmungslosen und brutalen Gewaltexzesse nicht gab.

Erinnerungen sind trügerisch. Obwohl wir sie als authentisch erleben und uns nicht selber belügen wollen, können sie täuschen. Bei den Vorfällen und Erlebnissen, an die wir uns erinnern, handelt es sich nicht um Tatsachen, sondern um eine spezielle Auswahl. Wir *konstruieren* eine Vergangenheit. Welche Ereignisse zu einer Erinnerung werden, hängt von unseren persönlichen Einstellungen ab. Die persönliche Vergangenheit ist nicht das Resultat einer objektiven Berichterstattung, sondern wir geben uns die Vergangenheit, die uns entspricht und die der soziale Kontext von uns verlangt. Vieles lassen wir aus und anderes fantasieren wir hinzu. Wir erheben einzelne Zeiten zu Kernphasen, während wir andere Perioden ausradieren.

Jugendgewalt im historischen Rückblick

Die Frage nach der Zunahme der Jugendgewalt versuchen wir historisch zu beantworten. Dieses Unterfangen ist nicht einfach, weil jede Epoche unter einem bestimmten Stern steht. Jugendgewalt war in der Vergangenheit oft Folge politischer oder kultureller Veränderungen. Im Verhalten und der Wahrnehmung der Jugend widerspiegelten sich Zeitströmungen. Ende des 19. Jahrhunderts ärgerte man sich in London über die massive Zuwanderung von jungen Menschen aus Irland, fürchtete die »arab boys«,[6] die die Straßen verunsicherten und warnte vor den Hooligans.

> »*Was machen wir mit den ›Hooligans‹? Wer oder was ist schuld daran, dass es immer mehr werden? Jede Woche zeigt irgendein Vorfall, dass manche Teile von London für den friedlichen Reisenden gefährlicher sind als entlegene Gegenden in Kalabrien, Sizilien oder Griechenland, wo sich einst die klassischen Schlupfwinkel der Räuber befanden. Jeden Tag werden vor dem einen oder anderen Polizeigericht Einzelheiten über brutale Misshandlungen berichtet, die ganz unbeteiligte Männer und Frauen erleiden mussten. Solange nur der eine Hooligan den anderen malträtierte – solange wir in der Hauptsache von Angriffen und Gegenangriffen zwischen Banden hörten, auch wenn dabei manchmal tödliche Waffen gebraucht wurden – war die Angelegenheit bei weitem nicht so ernst, wie sie mittlerweile geworden ist ...*«* (The Times, 30. Oktober 1890).

In den Fünfzigerjahren begann sich die Jugend aufmüpfig zu verhalten, man gab sich cool, rauchte Gauloise oder North Pole und signalisierte, dass man die enge bürgerliche Welt sprengen wollte. Man versammelte sich an Straßenecken, trug enge Bluejeans, spitze Schuhe und verrenkte sich die Glieder zur Rock'n'Roll-Musik von Bill Healey and Comets. Elvis Presley sang Jailhouse Rock und galt als extrem. Sein Hüftschwung durfte wegen zu großer Laszivität nicht im Fernsehen gezeigt werden. James Dean stieg nach seinem Tod zu einem Jugendidol auf. In den Straßen standen sich verschiedene Jugendgruppen auf ihren Mopeds gegenüber. Die Jugend profilierte sich über die leicht provokative Geste. In der Schweiz und in Deutschland regte man sich über die Halbstarken[7] auf und in England beklagte man sich über das Verhalten der Teddy Boys. Man sprach von einer Zunahme der Jugendgewalt. Sie wurde auf die Traumatisierungen durch die Kriegserlebnisse im Militärdienst zurückgeführt.[8] Bei Rock'- n'Roll-Konzerten kam es zu Schlägereien. Jugendgewalt war dennoch ein Randthema. Es wurde als Problem spezifischer Gruppen angesehen, so wie es in der West Side Story dargestellt wurde.

Am 22. Mai 1967 brannte in Brüssel das Kaufhaus *A l'Innovation*. 322 Menschen kamen dabei ums Leben. Dieses Ereignis inspirierte die Berliner Kommune 1 zu Flugblättern, in denen einerseits das menschliche Leid bedauert, andererseits aber auch die Freude an der Zerstörung des kapitalistischen Symbols zum Ausdruck gebracht wurde.

»Ein brennendes Kaufhaus mit brennenden Menschen vermittelt zum ersten Mal in einer europäischen Hauptstadt jenes knisternde Vietnamgefühl (dabei zu sein und mitzubrennen), das wir in Berlin bisher noch missen müssen [...] Wann brennen die Berliner Kaufhäuser!«

Flugblatt vom 24. Mai 1967

Wenig später erfolgte ein wenig erfolgreicher Anschlag auf Berliner Kaufhäuser. Protest wurde wieder salonfähig. Im Vietnamkrieg und in den verkrusteten Gesellschaftsstrukturen hatte die Jugend willkommene Feindbilder. Man konnte sich auflehnen. Die Jugend protestierte gegen die Bomben auf Hanoi und den gottähnlichen Status der Professoren. An der Sorbonne von Paris, der freien Uni Berlins, der Tokai in Tokio, in Berkeley oder der Kent State Universität schlugen sich Studenten mit »Polizistenschweinen« oder der Nationalgarde. Den Aufstand empfand man damals als Beginn einer neuen

Epoche. In Zürich kam es zu den Globuskrawallen und in Berlin wurde der Student Rudi Dutschke angeschossen.[9] Typisch für die Sechzigerjahre war die direkte oder indirekte Unterstützung der Jugendproteste durch intellektuelle Kreise. »... gerade jenen Menschen, die in der Gesellschaft als Rebellen auftraten, diejenigen waren, welche die Geschichte vorantrieben, indem sie Missstände aufzeigten und Anstoß zu wichtigen Veränderungen waren«, schrieben die bekannten deutschen und österreichischen Schriftsteller Louise Rinser, Hans Helmut Kirst und Jean Amery im Juni 1967 unmittelbar nach den Anschlägen. Wie in den Zwanzigerjahren wurden der anti-bürgerliche Gestus und die alternativen Lebensstile bewundert. Gewalt wurde zwar scheinbar verurteilt, doch vor allem Schriftsteller und Intellektuelle brachten den Protesten junger Menschen wie Gudrun Ensslin und Andreas Baader großes Verständnis entgegen. Ihre Gewalt wurde nicht mehr einhellig abgelehnt, sondern als Ausdruck kritischen Denkens aufgefasst. Max Frisch setzte sich im Zürcher Manifest nach den gewalttätigen Globuskrawallen für die Jugend ein, so wie in Deutschland Herbert Marcuse, in Frankreich Jean Paul Sartre und den USA Timothy Leary. Die gewalttätige Jugend konnte mit einer »kritischen« Elite gemeinsame Sache machen. Beide sahen in den Protesten Vorzeichen gesellschaftlich notwendiger Veränderungen.

Hat es damals weniger Gewalt gegeben? Die Protestbewegungen waren für viele junge Männer eine Möglichkeit, *Emotionen* auszuleben und in einem *Mythos* aufzugehen. Sie konnten im halb-chaotischen Raum, der von Teilen des Establishments toleriert wurde, Aggressionen abreagieren. Sowohl die Protest- wie auch die Hippiebewegung gaben den jungen Menschen Gelegenheit, sich als Einheit zu erleben. Man war überzeugt, dass man es als Gruppe schaffen würde, den Alten die Stirn zu bieten; man schrieb bereits in jungen Jahren Geschichte. Aufbruch und Heldentum waren angesagt. Der Jugend bot sich eine Möglichkeit, sich *antagonistisch* zu präsentieren und die eigenen Größenphantasien auszuleben.[10] Dieser gesellschaftliche Kontext hat sich auch auf die Gewalt ausgewirkt. Die kollektive Bewegung neutralisierte, kanalisierte oder legitimierte Gewalt. Gewalt wurde im Rahmen politischer Aktionen abreagiert. Junge Männer warfen Steine auf die amerikanische Botschaft, schlugen sich mit Polizisten. Aggressionsbereiten oder problematischen jungen Männern wurde eine Bühne geboten. Ihre Gewalt galt halbwegs als legitim. Es ging darum, diesen grässlichen Krieg in Südostasien zu beenden und eine verkrustete Gesellschaft aufzubrechen! Obwohl die Auseinandersetzungen äußerst heftig waren und oft mit großer Brutalität geführt wurden, hat man den schlagenden Studenten verziehen. Sie setzten sich ja für eine *gute* Sache ein, und der Vietnamkrieg galt vielen als eine Ungeheuerlichkeit!

Heute geht man vielleicht wegen des Bankenskandals oder der Atommülltransporte auf die Barrikaden, so wie man früher gegen autoritäre Strukturen oder gegen die Pershing Raketen protestierte. Wie später erläutert wird, entsteht Gewalt nicht nur als Folge einer problematischen Situation, sondern wird auch als Erlebnis gesucht.[11] Gewalt ist nicht nur ein Fehlverhalten, sondern auch ein *existentieller* Akt. Ein Teil der Jugendlichen – jedoch auch der Erwachsenen – *schwärmt* von Gewalt und sucht durch das Eintauchen in reale oder fiktive Gewalt nach einem Lebensinhalt. Man verbirgt seine Aggressionslust hinter einer akzeptierten Begründung. Gewalttätige Jugendliche konnten damals unter dem Deckmantel einer Protestbewegung ihre Gewalt ausleben, sie brauchten keine Überfälle zu veranstalten. Die brutalen Attacken und wüsten Schlägereien sind nicht *nur* Ausdruck der Verzweiflung, Folgen gesellschaftlicher Umstände oder einer Soziopathie, sondern oft geht es um die pure Lust an der Gewalt. Gewalt ist geil. Vergleiche mit heute sind schwierig, da wir in anderen

Kategorien denken und den jugendlichen Gewalttätern keine halbwegs nachvollziehbare Begründung für ihre Taten liefern.

In den Siebzigerjahren standen die *Anti-AKW-Bewegungen* im Vordergrund. Es gab einen Sündenbock. »Atomkraft – Nein danke!« wurde skandiert. Es galt, sich gegen die mächtige Industrielobby zu wehren und ihre größenwahnsinnigen Projekte zu stoppen. Die geplanten Atomkraftwerke Brokdorf, Kaiseraugst oder Zwentendorf sollten verhindert werden. Die Anti-AKW-Bewegung entstand basisdemokratisch und profilierte sich über Besetzungen[12], Demonstrationen und Initiativen. Und sie verstand sich als *gewaltfreie* Aktion, wie alle Kampagnen, in denen mit Gewalt gerechnet wird. Die Protestmärsche verliefen nicht immer friedlich. *Aufstand* war angesagt, der Gegner sollte sofort aufgeben. Solche Aktionen gaben jungen, aggressionsbereiten Männern und Frauen eine Möglichkeit, ihre Aggressionen und Lust an der Gewalt halbwegs legitim abzureagieren. Man kämpfte für eine gute Sache, eine bessere Welt. Die eigenen Aggressionen wurden zu einem Mittel, sich für ein Ideal einzusetzen. Gewalttätige junge Männer konnten sich unter die friedlichen Demonstranten mischen und ihrer Wut Ausdruck geben. Ähnlich war die Situation in den Achtzigerjahren. In Zürich kam es zur Jugendbewegung. Ausgelöst durch den Opernhausskandal, lehnte sich die Jugend gegen die Kulturpolitik der Stadt auf und forderte das AJZ, das Autonome Jugendzentrum! Wie bei den Hippies, den Anti-AKW-Bewegungen verhielt sich ein Teil der Bevölkerung ambivalent. Man *begrüßte* die Ziele der Jugend. Es kam zu Demonstrationen der Kulturschaffenden und Intellektuellen. Der Jugendbewegung wurde Originalität zugeschrieben und sie wurde als Wiedergeburt des Dadaismus gefeiert. »Macht aus dem Staat Gurkensalat« und »Nieder mit den Alpen – freie Sicht auf das Mittelmeer!« wurden zu Kultsprüchen. Aber: Wieder kam es zu Schlägereien und hässlichen

16

Auseinandersetzungen mit der Polizei. Wie beim Kampf gegen den Vietnamkrieg wurde den jungen Männern eine Gelegenheit geboten, sich aggressiv in Szene zu setzen.

Da jede Zeit ihr Kolorit und ihre besonderen Themen hat, ist es schwierig, Vergleiche zu ziehen. Die Frage der Zunahme der Jugendgewalt ist nicht zu beantworten, wenn man politische Proteste oder gesellschaftliche Umwälzungen nicht dazu zählt. Eigentlich waren der Erste und Zweite Weltkrieg die Epochen, in denen Europa am meisten unter Jugendgewalt litt. Nur geschah sie damals unter der Ägide der Alten, die die aggressionsbereiten Jugendlichen für ihre Ziele instrumentalisierten. Gewalt ist nicht nur Fehlverhalten kranker, dissozialer oder fehlgeleiteter Menschen, sondern es gibt auch junge Männer, die Szenen, Bewegungen und Begründungen suchen, um loszuschlagen. Gewalterlebnisse geben dem Leben einen Kick, sind geil und vermitteln vielen jungen Männern das Gefühl einer existentiellen Berechtigung.[13] Wenn man auf eine *»berechtigte«* Weise losschlagen kann, umso besser! Eine Protestbewegung, ein Krieg, gesellschaftliche Konflikte sind willkommene Anlässe, sich gewalttätig in Szene zu setzen. Wir können nicht *nachträglich* herausfinden, was die *wirklichen* Motive der jungen Männer waren, die an der Anti-AKW-Bewegung, den Protestmärschen gegen den Vietnam-Krieg oder für ein Autonomes Jugendzentrum teilnahmen. Jeder Einzelne wird natürlich behaupten, dass er sich aus idealistischen Gründen engagiert habe. Um herauszufinden, ob die jungen Männer aus Lust an der Gewalt agierten oder aus einem aufrichtigen politischen Interesse, müsste man nachträglich eine Tiefenanalyse durchführen. Es gibt Epochen, in denen der Jugend politisch-soziale Arenen geboten wurden, um sich lärmig und aggressiv zu inszenieren, in anderen Zeiten war dies nicht möglich.

Zahlen und scheinbar harte Fakten

Statt unser trügerisches Gedächtnis zu konsultieren oder historische Dokumente zu studieren, könnte man die Anzahl der jährlichen Gewaltvorfälle zählen und vergleichen. Vielleicht geben uns Statistiken eine Antwort. In der Schweiz ist nach den Zahlen des schweizerischen Bundesamts für Statistik von 1999 bis 2006 die Anzahl der mutwilligen Körperverletzungen durch Jugendliche von 769 auf 1525[14] gestiegen, und die Zahl der Jugendstrafurteile aufgrund von Gewaltdelikten hat sich von 1241 auf 2268 erhöht.[15] Der Soziologe Martin Killias sprach aufgrund dieser Zahlen von einer besorgniserregenden Zunahme der Gewaltbereitschaft unter Jugendlichen.[16] Mittels einer Fragebogenuntersuchung an 5200 Oberstufenschülern der neunten Klasse glaubt er diesen Trend bestätigen zu können. In seiner Untersuchung beantworteten die Jugendlichen online einen Fragenkatalog. Sie beantworteten Fragen wie: »Hast du schon einmal jemanden geschlagen oder verprügelt (mit den Fäusten, mit einer Waffe, mit Fußtritten etc.), sodass er/sie ernsthaft verletzt wurde (blutende Wunde, blaues Auge usw.)?« Ein Viertel der befragten Schüler berichtet von Gewalterfahrungen. Entsprechend bringt Killias Maßnahmen wie eine Abkehr von der 24-Stunden-Freizeitgesellschaft und Wiedereinführung der Polizeistunde in die Diskussion.[17] Lange Zeit schien klar: Jugendgewalt nimmt zu! Der Trend hat sich jedoch nicht fortgesetzt. Folgt man den Zahlen des Eidgenössischen Bundesamts für Statistik, blieben sie stabil. 2009 lag die Anzahl der Gewaltstraftaten bei 2376.[18] Bei 22 Jugendlichen handelte es sich um schwere Körperverletzungen, bei 654 um einfache Körperverletzungen. Bei 776 handelte es sich um Tätlichkeiten, bei 126 waren es Raufereien, bei 347 um Angriffe, bei 332 um Raub. Bei der Altersgruppe unter 15 Jahren gab es eine Abnahme von 3630 auf 3565.[19] In Deutschland sind die Tendenzen ähnlich. Laut der polizeilichen Kriminalstatistik des Bundeskriminalamts ist die Zahl tatverdächtiger Jugendlicher bis 1998 auf 300 000 angestiegen, seither stellt man einen *Rückgang* fest: bei den jugendlichen Tatverdächtigen um 20 000 auf 280 000. 2009 wurden 39 700 Straftaten Jugendlichen zwischen 14 und 18 Jahren zugeschrieben. Im Vergleich zu 2008 ist die Zahl um 9 Prozent zurückgegangen. Bei den Körperverletzungen betrug der Rückgang 7 Prozent.[20]

Aber auch hier bleibt genügend Spielraum für subjektive Wahrnehmung. Ein Beispiel: Ein Junge wurde bei mir von der Schule angemeldet. Mein Auftrag war abzuklären, ob es sich bei ihm um eine dissoziale Persönlichkeit und um einen potentiellen Gewalttäter handelt. Der zwölfjährige Junge war von der Schule suspendiert worden, nachdem eine Mutter eine Strafanzeige wegen massiver Bedrohung gegenüber ihrem Sohn erstattet hatte. Der Vorfall: Die beiden Kontrahenten hatten sich zufällig nach Schulschluss auf dem Pausenplatz getroffen. Der angeblich gewalttätige Junge ist auf den anderen zugegangen, hat mit der Hand eine Pistole imitiert und laut gerufen:»Jetzt knalle ich dich ab!« Der andere Junge ist davongerannt, nicht ohne seinem Angreifer zuzuwinken. Der Junge erzählte zuhause von dem Vorfall, woraufhin es zur Anzeige kam.

Bei der Interpretation von aggressiven Auseinandersetzungen zwischen Menschen bleibt *immer* ein großer Spielraum. Wir kommen nicht um *subjektive* Bewertungen herum, wenn wir uns mit gewalttätigen Auseinandersetzungen befassen. Was für eine Person ein heftiger Streit und der Beginn einer gewalttätigen Auseinandersetzung ist, bleibt für eine andere Person ein lustvoller Zweikampf. Was wir sehen und wo wir die Grenze zwischen effektiver Gewalt und harmloseren Streits ziehen, hängt von unserem *Sensibilisierungsgrad* ab. Wenn wir vom Thema Jugendgewalt im Fernsehen hören und in den

Zeitungen lesen, dann ist die Wahrscheinlichkeit groß, dass wir mehr Gewalt um uns herum erleben. Wir sind alarmiert und übernehmen die Brille, die uns der öffentliche Diskurs bietet. Wir reden von Gewalt, wo man früher nur natürliche Aggressionen oder Temperamentsausbrüche wahrnahm.

Konflikte sind in jeder Alters- und Menschengruppen verbreitet. Überall, wo Menschen zusammenarbeiten, kooperieren, sich lieben oder gleiche Ziele anstreben, kann es auch zu Problemen kommen. Man streitet sich, bekämpft sich, hasst sich oder geht sogar aufeinander los. Aggressive Auseinandersetzungen gehören zum Leben. Wie diese ausgefochten werden, hängt von der Persönlichkeit der Beteiligten, ihrem Alter und dem Milieu ab. Die meisten aggressiven Auseinandersetzungen werden jedoch intern geregelt oder zivilisiert ausgefochten. Nur ein kleiner Teil dieser Konflikte ist strafrechtlich relevant. Der Großteil der Jugendgewalt spielt sich im niederschwelligen Bereich ab. Er kann von beteiligten Personen bewältigt werden, ohne dass der Staat eingreifen muss oder Fachleute mobilisiert werden müssten. Wie groß das Ausmaß der Jugendgewalt ist, hängt darum von unserem Sensibilisierungsgrad ab. Eine Rauferei oder eine Wirtshausschlägerei wurde früher hingenommen, doch heute sieht man darin ein kriminelles Delikt. Die Sensibilisierung führt zu einer veränderten Wahrnehmung. Aus diesem Grund muss man Befragungen gegenüber skeptisch sein. Sie geben nicht zwingend die effektive Situation wieder, sondern drücken unseren Sensibilisierungsgrad für ein Thema aus.

Unter Gewalt verstehen wir die Durchsetzung des eigenen Willens oder der eigenen Macht mit physischen Mitteln und unter Missachtung der Integrität der anderen Person. Um ein Ziel zu erreichen und den eigenen Willen durchzusetzen, nehmen wir in Kauf, dass ein Mitmensch geschädigt wird oder leidet.

Der Gewaltbegriff wurde inzwischen ausgeweitet. Nicht nur *effektive* Gewaltakte werden als Gewalt bezeichnet, sondern auch die *Androhung* einer Handlung. »Was fällt Ihnen ein zu behaupten ich drohe! Geht's noch: Sie werden noch etwas erleben!«, schrie ein Junge unserer Gruppe den Jugendrichter an, als dieser ihn wegen Bedrohung seines Lehrers verurteilen wollte. Man spricht von Gewalt, wenn eine Handlung als *Möglichkeit* in einer verbalen Interaktion erwähnt wird. »Dich mach ich fertig!« gilt nach dieser Sichtweise als Gewaltakt. Es ist kein *konkreter Akt* mehr nötig, sondern es genügt eine *vorgestellte Handlung*. Diese Definition von Gewalt ist inzwischen in vielen Schulen verbreitet. Die Lehrerschaft reagiert, wenn ein Schüler oder eine Schülerin mit Gewalt droht. *Verbalinjurien* werden als Gewaltakte bezeichnet. Wenn wir jemanden durch Worte »fertigmachen«, beleidigen oder in Angst versetzen, dann hat man auch Gewalt angewendet: der Schüler, der seine Lehrerin »Schlampe«, oder »Dreckfutze« nennt oder die Frau, die ihre Arbeitskollegin als »dumme Gans« betitelt. Wenn Gewalt *breit* definiert wird, dann steigt folgerichtig auch die Anzahl der Vorfälle.

Ein Beispiel aus der jüngeren Vergangenheit:

Die Schule wurde sofort evakuiert und alle Schüler und Schülerinnen von der Polizei und den Lehrern befragt. Die Polizei führte eine minuziöse Durchsuchung der Klassenzimmer und Gänge durch und forderte die Schüler auf, ihre persönlichen Gegenstände aus dem Schulhaus zu entfernen. Ein Care-Team aus Psychologen kümmerte sich um die Ängste, die der Vorfall bei den Jugendlichen ausgelöst haben könnte. Der Grund: auf einem Schülerpult hatte jemand den Satz »Ich sprenge die Schule in die Luft!« gekritzelt. Die Schule hatte verbale Aussagen wörtlich genommen und wollte sich nicht dem Vorwurf aussetzen, sie habe Warnsignale missachtet.

Die Ausweitung des Gewaltbegriffs kann als Zeichen einer größeren Sensibilisierung aufgefasst werden. Wenn jemand herumflucht und Drohungen ausstößt, legen wir nicht die Hände in den Schoss und denken, der beruhigt sich schon wieder, sondern wägen ab, ob er es ernst meint oder – fluchen zurück. Worte und Gewaltankündigungen werden *ernst* genommen. Wenn jedoch, wie es zum Teil in Schulen geschieht, bei Verbalinjurien sofort eine staatliche und juristische Maschinerie in Gang gesetzt werden muss, dann sind wir zu weit gegangen. Es ist nachvollziehbar, wenn ein Pilot sich entschließt seinen Flug abzubrechen und die Polizei alarmiert, weil eine Stewardess auf einem Spiegel in einer Flugzeugtoilette den Satz »I blow up aireplan« entdeckt hat. Aber macht es Sinn, wenn eine Lehrerin einen Schüler sofort von der Schule suspendiert, einen Schulpsychologen einbezieht und sofortige Maßnahmen fordert, weil ein Junge während einer Schlägerei auf dem Pausenhof seinem Kontrahenten »ich bring dich um« zugerufen hat? In den meisten Fällen muss keine staatliche Behörde intervenieren oder das Gericht bemüht werden, sondern die Lehrerschaft ist gefordert. Wir müssen nicht gleich mit einer Anzeige reagieren, wenn ein Schüler einem entgegen schleudert, man sei eine Missgeburt oder er wisse, wo man das Auto abgestellt hat, sondern wir müssen den direkten Kontakt zum Schüler suchen und mit ihm sprechen. Überreaktionen sind oft sogar kontraproduktiv. In der Meinung, dass man durch eine kompromisslose Reaktion Gewalt besser in den Griff bekommt, werden junge Menschen nach Affektausbrüchen *kriminalisiert* und zu einem juristischen Fall. Die Gefahr ist, dass nicht mehr zwischen unüberlegten, doofen, jedoch nicht ernst gemeinten Worten und der effektiven Gewalt unterschieden wird. Man sieht plötzlich überall Gewalt und natürlich steigt dann auch die Anzahl der Vorfälle.

Gewaltprävention und -intervention ist nicht nur eine Angelegenheit des Staates. Wir *alle* sind aufgefordert, Gewalt zu verhindern und tun dies auch tagtäglich durch viele kleine Handlungen. Der Lehrer, der einen guten Draht zu einem problematischen Jugendlichen aufbaut, hat vielleicht damit auch

Delikte verhindert, die Fasnachtsclique, die ein Dorffest organisiert, hat damit vielleicht auch der Dorfjugend eine Freizeitbeschäftigung gegeben und sie von Blödsinn abgehalten. Es hängt primär von den Mitgliedern der jeweiligen Gesellschaft ab, ob Gewalt Überhand nimmt, und nicht nur von der Arbeit der Polizei und den Gerichten. Beginnen wir uns bei der Gewaltprävention auf die Polizei zu fixieren, dann haben wir eigentlich schon verloren. Die Polizei kann nur in *extremen* Fällen und oft nur zur Unterstützung von Zivilpersonen eingreifen. Sie kann und soll nicht überall präsent sein und juristische Paragraphen zur Anwendung bringen. Die überwiegende Mehrzahl der Gewaltvorfälle wie auch der größte Teil der Präventionsarbeit wird nicht von Experten, der Schule oder Polizei durchgeführt, sondern von den Mitgliedern der jeweiligen Gesellschaft. Wir verhindern Gewalt in der Rolle des Vaters, der Mutter, des Lehrers oder Bruders. Hier wird *entscheidende* Arbeit geleistet: der Cousin wird beruhigt, als er wegen eines Nebenbuhlers außer sich gerät, eine Frau besänftigt ihren Mann, als er wegen eines anderen Autofahrers wütend wird, oder ein Lehrer bespricht sich mit einem Schüler, der das Gefühl hat, ungerecht behandelt worden zu sein. Wird der Gewaltbegriff zu weit ausgedehnt und juristisch definiert, dann führt dies zu einer schleichenden Ausweitung des staatlichen Einflusses. Ein Wutausbruch mutiert zu einem Tatbestand, der eine Außenintervention erfordert.

Ob die Gewalt tatsächlich zugenommen hat oder sich nur ihre Qualität verändert hat, kann nicht abschließend beantwortet werden. Wenn wir einen nüchternen Blick auf die Gesellschaft werfen und *alle* Gewaltakte mitberücksichtigen, also auch Protestmärsche, kriegerische Auseinandersetzungen und politische Auseinandersetzungen, dann hat die Gewalt *abgenommen*. Unsere Gesellschaft ist bedeutend friedlicher als vor 60, 90 oder 150 Jahren. Grausame Gewaltexzesse, wie das Verbrennen von Katzen zur Belustigung, wie es in Paris Ende des18. Jahrhunderts noch üblich war, oder das Schlagen von Schülern mit dem Stock sind heute undenkbar. Wenn wir uns jedoch auf jugendlich delinquentes Verhalten, körperliche Angriffe und Schlägereien beziehen, dann ist die Quote stabil geblieben. Wenn trotzdem von einer Zunahme der Jugendgewalt geredet wird, dann hat dies andere Gründe. Man schildert das Verhalten in den schwärzesten Farben, damit Maßnahmen gefordert, staatliche Programme lanciert werden können oder die eigene Arbeit legitimiert wird.

2. Wie viel Gewalt ist normal?
Wie Codes und Rituale unser Zusammenleben regeln

»Dass ich Liebe bringe, wo man sich hasst;
dass ich Versöhnung bringe, wo man sich
kränkt; dass ich Einigkeit bringe, wo Zwietracht
ist; dass ich Hoffnung bringe, wo Verzweiflung
droht ...«
Franz von Assisi

Stellen Sie sich Folgendes vor: Auf rätselhafte Weise oder weil man endlich eine Zeitmaschine erfunden hat, werden Sie ins Jahr 1908 zurückversetzt! Sie dürfen 48 Stunden in der Vergangenheit verbringen. Sie landen in Wien in einer rauchigen Spelunke und sind von trinkenden Männern und Frauen umgeben. Sie sitzen vor einem Glas Bier, hören, wie über das richtige Telefonieren geredet und über Kriminalität in Ottakring debattiert wird. Sie sind der Einzige, der weiß, welch grässliche Ereignisse bevorstehen: Der erste Weltkrieg wird ausbrechen, die Wirtschaftskrise kommen, der Nationalsozialismus sich ausbreiten, das Dritte Reich errichtet und der Holocaust stattfinden. Plötzlich geht die Türe auf und ein junger Maler aus Linz tritt ein: Adolf Hitler. Er nimmt neben Ihnen Platz und bestellt ebenfalls ein Bier. Was machen Sie? Der Mann wird Grauenhaftes anrichten, Millionen von Menschen auf dem Gewissen haben. Deutschland und ganz Europa werden seinetwegen in eine Katastrophe stürzen.

Wollen Sie den neunzehnjährigen Mann in ein Gespräch verwickeln? Versuchen Sie ihn zu beeinflussen? Wollen Sie ihm ein paar seiner Bilder abkaufen, damit er eine Künstlerkarriere wählt, statt in die Politik einzusteigen? Wollen Sie mit ihm debattieren und ihn von den pangermanischen Ideen Georg von Schöneres abbringen? Ist das wirklich das richtige Vorgehen angesichts des Grauens, das dieser junge Mann anrichten wird? Wäre es nicht besser, ihn anzugreifen und gleich umzubringen? Man könnte ja geschickt vorgehen und einen perfekten Mord ausführen! Und: was bedeutet schon der eigene Tod gegen die Abermillionen Menschen, die dadurch gerettet würden!

Diese kleine Zeitreise bringt zwei Dinge an den Tag: Die Mehrheit der Leser ist wahrscheinlich mit mir einig, dass ein Mord an diesem Mann gerechtfertigt wäre, ja man würde der Menschheit einen unglaublichen Dienst erweisen. Die Geschichte würde eine andere Wende nehmen und Gräueltaten würden verhindert. Das Gedankenexperiment zeigt, dass es Situationen gibt, in denen Gewalt *legitimiert* ist, in denen wir uns das Recht nehmen, jemanden umzubringen. Gleichzeitig ist diese Schlussfolgerung ungeheuerlich: Wir maßen uns an, über Leben und Tod zu entscheiden! Das Gewalttabu wäre dann nicht mehr ein absolutes moralisches Gebot, sondern kann durch Situationen und Umstände relativiert werden. »Du sollst nicht töten!« gälte dann nicht immer, sondern hinge von der Situation ab.

Wahrscheinlich würde es jedoch nie so weit kommen. Ziemlich sicher wären wir nämlich zu *feig,* unseren Tischnachbarn zu erstechen oder zu erschießen. Wir würden verwirrt dort sitzen, wilde Gedanken würden durch unseren Kopf rasen, wir könnten uns nicht entscheiden und würden uns selber hinterfragen: Wie ist der Krieg entstanden? Wir würden nach einer Entschuldigung suchen. Und natürlich wollen wir ja nach zwei Tagen zurück in unser aktuelles Leben, zu Familie, Kindern und Freunden. Wir wollen unser Dasein nicht riskieren und hängen an unserem Leben. Die eigenen Kinder brauchen einen Vater, eine Mutter und außerdem hat man ja Ferien auf

Sardinien gebucht. Vielleicht würden wir uns auch fragen: Was bringt mir diese Tat? Wir würden es zu einem Eintrag in der Kriminalstatistik Wien bringen, und wenn wir den Mord spektakulär inszenieren, zu einer kleinen Meldung in der Kronenzeitung: Friedlicher Kunststudent wurde von einem Verrückten erstochen. Da Hitler keine Gelegenheit hätte, seine Verbrechen durchzuführen, endeten wir als Verbrecher. Keine Plakette und kein Nachruf, sondern unser Leichnam würde auf dem Zentralfriedhof verscharrt. Lohnt sich das?

Für die überwiegende Mehrheit der Menschen ist Gewalt *keine* Lösungsstrategie. Gewalt gehört *nicht* zu ihrem Verhaltensrepertoire. Da wir das Gewaltmonopol an den Staat delegiert haben, sind wir von solchem moralischen Dilemma befreit. In unserem Privatleben und im Beruf setzen wir auf *andere* Mittel, wenn wir uns Gehör verschaffen oder uns durchsetzen wollen. Wir reden, wollen überzeugen, intervenieren, streiten oder erstatten eine Anzeige. Wir definieren uns als friedliebende, nicht gewalttätige Menschen. Unser Gewaltverzicht ist jedoch *nicht* Ausdruck einer größeren Menschenliebe, einer reiferen Persönlichkeit oder einer intakteren Moral, sondern von etwas Simplem: Wir haben das Glück, in einem sozialen und politischen Kontext zu leben, der uns nicht zwingt, Gewalt anzuwenden. Wir können es uns *erlauben* friedlich zu sein, Gewalt zu pathologisieren und uns als bessere Menschen zu fühlen. Nicht unser Charakter, sondern die Umstände machen uns zu besseren Menschen. *Unsere Lebenssituation* hat uns von der Notwendigkeit, Gewalt einzusetzen, befreit. Der Gewaltverzicht ist kein edler Charakterzug, sondern wir haben einfach Glück. Wenn sich die Umstände ändern, wir Gefahren abwenden oder einen Feind bestrafen müssen, dann greifen wir mit hoher Wahrscheinlichkeit wieder zu den Waffen, schießen, erstechen und quälen Widersacher. Frieden ist immer nur ein temporärer und labiler Zustand, hervorgerufen durch glückliche Umstände.

Für unsere Vorfahren war Gewalt eine *riesige* Herausforderung.[21] Sie wurden in verschiedenen Lebensbereichen mit ihr konfrontiert. Im Privatbereich, in der Arbeit, in Dorfgemeinschaften, in den Städten und natürlich auch im politischem Leben.[22] Man versuchte Umgangsformen zu entwickeln, um Gewaltausbrüche einzudämmen. Auf politischer Ebene versuchte man sich vor Gewalt von außen zu schützen. Die Pueblo-Indianer und Maori in Neuseeland bauten ihre Dörfer auf unbequemen Bergspitzen, um sich vor Banden und feindlichen Stämmen zu schützen, und die Todesraten durch Gewalt waren oft um einiges höher als in Europa während der Weltkriege.[23] Bis ins 18. Jahrhundert haben sich europäische Städte mit Mauern umgeben. Gewalt war allgegenwärtig. Gleichzeitig waren unsere Vorfahren auch von einem tiefen Friedenswunsch beseelt. Sobald eine Schlacht gewonnen und die Gefahr gebannt war, wurden Kriege geächtet. Bei den Einwohnern Neu Guineas wurden Krieger als »Abfallmänner« bezeichnet. Schon oft war man überzeugt, dass gewalttätige Auseinandersetzungen definitiv der Vergangenheit angehören.[24] Dass man in einer bestimmten Situation auf Gewalt zurückgreifen muss, überstieg regelmäßig das Vorstellungsvermögen von Gemeinschaften, in denen Frieden herrschte. Das Schreckliche und gewalttätige Konflikte wurden aus dem Denkraum verbannt und man rüstete ab, bis die gesellschaftliche oder politische Situation sich änderte und die Realität es verlangte, auf Gewaltmaßnahmen zurückzugreifen. Friedensphasen, in denen man gemeinsam der Gewalt abschwor und überzeugt war, durch magische Praktiken, Riten oder den Lebensstil gewalttätige Auseinandersetzungen verhindern zu können, wurden durch unerwartete, grässliche Kriege beendet. Immer wieder glaubten menschliche Gemeinschaften, den Schlüssel zum Frieden gefunden zu haben, bis sie schmerzlich eines Besseren belehrt wurden. Oft führte die Unfähigkeit, Konfliktszenarien anzudenken, zum Kollaps menschlicher Gemeinschaften.[25] Gewalt wurde geächtet, tabuisiert – um dann plötzlich wieder bewundert und verlangt zu werden.

Unsere persönlichen Anstrengungen genügen nicht, um Gewalt zu verhindern. Um Gewalt im Nahbereich, im Privatleben oder im öffentlichen Raum einzudämmen oder zu verhindern, braucht es *kollektive* Anstrengungen. Zivile menschliche Gemeinschaften sind *eine* Antwort auf unsere Neigung zu Gewalt. Auf uns allein gestellt, ohne Ordnung sind wir unseren Schattenseiten ausgeliefert und schlagen vielleicht sogar unserem Nachbarn den Schädel ein, nur weil er einen Baum auf unsere Grenze versetzt hat. Wenn wir uns in soziale Kreise, Kulturen oder sogar Nationen einbinden lassen, dann bauen wir vielleicht Hemmungen auf. Unsere sozialen Kontakte und Beziehungen verlangen von uns Anpassungsleistungen. Diese sind oft mühsam, sie helfen uns jedoch, unsere problematischen Seiten zu neutralisieren. Wenn wir uns mit einer Gemeinschaft identifizieren, dann übernehmen wir ihre Verhaltens- und Umgangsformen. Unser Verhalten wird durch Codes, Regeln und Rituale beeinflusst. Das Risiko der persönlichen Gewalt vermindert sich, wenn unsere Bezugsgruppen gewalttätige persönliche Auseinandersetzungen nicht tolerieren. Da wir alleine damit überfordert sind, unsere Aggressionen in den Griff zu bekommen, brauchen wir die Unterstützung unserer Mitmenschen.

Die Umgangsformen und Werte, die Gemeinschaften auszeichnen, können deswegen als generalpräventive Maßnahmen gegen Gewalt verstanden werden. Die Codes und Standards, die das Zusammenleben einer Gemeinschaft regeln, verhindern oder kanalisieren Konflikte. Wer der betreffenden Gemeinschaft angehören will, respektiert ihre Codes. In der Schweiz gibt man sich bei der Begrüßung die Hand, bietet einem Besucher einen Kaffee an, und in England plaudert man ein bisschen über das Wetter. In Japan ist der soziale Kontakt durch eine Vielzahl von komplizierten Höflichkeitsformen geregelt. Je nachdem, welche Position man innehat, muss der Mitmensch anders angesprochen werden. In den Vereinigten Staaten sind joviale Kommunikationsformen die Regel. Lockerheit, Optimismus, Lob und Schmeicheleien sollen den Anderen besänftigen und ein Wohlgefühl verbreiten. Und bei drohenden Dissonanzen wendet man sich sogleich einem anderen Thema zu. Den Schweizern wiederum sind solche Umgangsformen fremd. Sie betreiben Gewaltprävention, indem sie herauszufinden suchen, *wer* er oder sie ist. Wenn man etwas über die Familienzugehörigkeit oder Herkunft weiß, kann eine Person eher für ihre Handlungen zur Verantwortung gezogen werden, eher das Gesicht verlieren. Jede Kultur hat eigene Antworten entwickelt, wie man mit dem Problem der latenten Aggressionen und Konflikte umgehen kann. Die Höflichkeitsregeln dienen dazu, Macht- und Rollenverteilungen zu respektieren, so dass Entscheidungsabläufe klar sind und es nicht zu Auseinandersetzungen kommt. Konflikte und mühsame Diskussionen werden verhindert. Da wir unseren eigenen Absichten und Worten nicht immer trauen können, braucht es *überpersönliche* Umgangsformen und Rituale. Zu einer möglichen Antwort auf drohende Gewalt werden darum Umgangsformen, Regeln und Rituale, die Eskalationen bei Konflikten verhindern, ohne dermaßen einzuengen, dass man sich unfrei und ungerecht behandelt fühlt.

Überall, wo Menschen zusammenleben, arbeiten, kommunizieren oder reisen kann es zu Konflikten kommen. Vor allem Lebensbereiche, die *nicht* durch Codes geregelt sind, bergen die Gefahr der Gewalteskalation. Bei den Umgangsformen handelt es sich um *stille Vereinbarungen*. Wenn Menschen zusammenleben, ihre Freizeit miteinander verbringen, kooperieren oder Familienpflichten teilen, beginnen sie spontan, Codes und Rituale zu entwickeln. Die helfen dabei, eine potentiell gefährliche Situation zu entschärfen und soziale Unsicherheit zu verhindern. Im Alltag treffen wir beständig auf heikle Situationen. Die Begegnung zweier Menschen oder Menschengruppen ist mit Gefahren verbunden. Wenn wir auf einen unbekannten Menschen treffen, wissen wir zunächst nicht, ob es sich um einen gutmütigen Menschen oder einen Psychopathen handelt. Er könnte uns betrügen, ausrauben, erstechen oder erschlagen. Vielleicht ist er wütend auf uns oder hegt einen teuflischen Plan? Um auch einer wenig oder nicht vertrauten Person begegnen zu können, haben wir *Begrüßungsformen* entwickelt. Wir kommunizieren nicht mit jedem und allen, sondern erst, nachdem *Vertrauensbotschaften* ausgetauscht wurden. Wir checken die unbekannte Person, um uns zu vergewissern, dass es sich nicht um ein gefährliches Individuum handelt. In Mitteleuropa schaut man sich in die Augen, gibt sich die Hand, tauscht mimische Signale aus und lächelt. Man nähert sich der anderen Person, ohne ihr zu nahe zu treten. Oft hält man den Kopf leicht vorgebeugt und bleibt stehen oder steht auf. Man starrt sich jedoch nicht nur an, sondern gibt Laute von sich. Die ausgesprochenen Worte und Töne werden gegenseitig analysiert. Welchen Dialekt spricht er? Welche Kernbegriffe verwendet er? Welcher Schicht gehört er an? Vertrauter Dialekt oder gleicher Sprachcode ergeben Vertrauenspunkte. Antwortet jemand in Zürich in einem Walliser Dialekt, dann erhält er oder sie ein paar Bonuspunkte. Da man den Kanton kennt, kann man die Person lokalisieren. Schwieriger wird es jedoch, wenn jemand in einem rumänisch geprägten Deutsch antwortet oder man überhaupt keine gemeinsame Sprache findet. Tonfall oder Sprache lösen in uns Unsicherheit aus. Die Vertrauensfrage ist nicht beantwortet und man empfindet ihn oder sie als fremd, also als eine potentielle Gefahr, oder aber man ist fasziniert. Meistens wird dann nachgefragt, man operiert mit zusätzlichen mimischen Signalen, bemüht den Humor und wird euphorisch. Unbewusst versucht man, die eigene Unsicherheit zu überspielen.

Wir reagieren gegebenenfalls mit Sonderanstrengungen, wenn das Begrüßungsritual nicht seinen gewohnten Verlauf nimmt.

Neben den Dialekten und der Sprache versuchen wir, beim anderen *vertraute Kernbegriffe* oder *spezifische Ausdrücke* zu identifizieren. Wir wollen herausfinden, ob er oder sie der gleichen Subgruppe, einer vertrauten Profession, Firma oder einem ähnlichen Milieu angehört. Worte werden herausgepickt. Spricht jemand von »aufgleisen«, »Plattform« und »Form 2000«, dann handelt es sich um einen Angehörigen der Schweizer Bahn, spricht jemand jedoch von »Equity«, »Hedge Funds« und kennt den neuesten Nickei-Index, dann haben wir ihn als Banker identifiziert. Braucht jemand die Worte »voll easy«, »geil« und »give me five«, dann gehört er einer jüngeren Altersgruppe an. Solche *Kernworte* dienen der Identifizierung. Auf Menschen, mit denen sich keine Übereinstimmungen oder Vertrautheiten ergeben, reagieren wir misstrauisch. Begrüßungsworte, Kernworte, Dialekte und Sprachen dienen dem Selbstschutz. Die Kultur regelt durch Codes, die wir uns während der Kindheit oder einer Assimilationsphase aneignen, unser Zusammenleben und leistet einen Beitrag zur Gewaltprävention. Familien, soziale Kreise, doch auch Nationen helfen uns, im privaten und öffentlichen Bereich unsere Aggressionen zu zügeln.

Wenn sich Menschen aus *verschiedenen* Kulturen begegnen, dann entstehen noch größere Unsicherheiten. Da man nicht auf ein vertrautes Erkennungs- und Begrüßungsritual zurückgreifen kann, ist man sich selber ausgeliefert und muss die Begegnung selber bewältigen. Wenn man in den Schweizer Bergen auf einen Wanderer trifft, der auf das obligate »Grüezi« *nicht* reagiert, dann sind wir als Schweizer ein bisschen irritiert. Meistens nehmen wir an, dass es sich um einen unwissenden Ausländer handelt. Wir entschuldigen sein Fehlverhalten, weil wir ihn einer Kultur zuordnen, die andere Sitten kennt. Wir wissen vielleicht auch, dass man sich in angelsächsischen Ländern selten die Hand gibt, weniger küsst und Lateinamerikaner oder Araber sich umarmen. Begegnungen mit Angehörigen dieser Kulturen lösen keine Irritationen aus, weil wir innerlich vorbereitet sind und die Bandbreite möglicher Verhaltensweisen kennen. Schwieriger wird es, wenn eine Begrüßungsart *grundsätzlich* anders verläuft und uns unbekannt ist.

Ein Japaner wurde von einem Schweizer zum Abendessen eingeladen. Die Gastgeber begrüßten ihn und er verneigte sich höflich. Bevor man zu Tisch ging, fragten sie ihren asiatischen Gast, ob er das Badezimmer benützen wolle. Der Japaner nickte freundlich und verschwand. Die Gastgeber und weitere Gäste warteten bei Tisch. Fünf, zehn Minuten pflegte man Small Talk und geduldete sich mit dem Auftischen des Essens. Als es nach fünfzehn Minuten immer noch kein Zeichen des Japaners gab und das Essen kalt zu werden drohte, schlich die Gastgeberin zur Badezimmertüre. Sie hörte plätschernde Geräusche und Dampf kam aus den Türspalten. Ihr asiatischer Gast war dabei, ein ausgiebiges Bad zu nehmen.

Oft reagieren wir bei Begegnungen mit Menschen aus anderen Kulturen *überschwänglich*. Wir sprechen von Dialog, interkultureller Kommunikation und drücken unsere Freude und Bewunderung für das Essen, die Tänze oder die Kleidung der anderen Kultur aus. Wir betonen, dass wir tolerant sind und sicher kulturelle Vielfalt schätzen. Interessanterweise äußern wir oft mehr Gefühle und verhalten uns großzügiger als gewohnt. »Es freut mich riesig, mit Ihnen einen vorurteilslosen Dialog zu führen und ich schäme mich für die Fremdenfeindlichkeit einiger meiner Landsleute!«, verkündete eine Kulturbeauftragte an einem »Fest der Kulturen« einer mittelgroßen Stadt im Schweizer Mittelland. Das Fest hatte die Stadtbehörde organisiert und bezahlt. Eingeladen waren ausländische Kulturvereine und einige Schweizer. Ein Teilnehmer pries den Familiensinn der Türken und ein anderer behauptete, nur Jamaikaner hätten wirklich einen Sinn für Rhythmen. Die Schweizer Teilnehmer lächelten, lobten das Essen, die Musik und gaben sich sichtlich Mühe, offen und tolerant zu wirken. Kein Wort wurde über die unterschiedlichen Vorstellungen zu Erziehung, die Rechte der Frau oder über die Bedeutung der Familienehre gesprochen. Man verbrüderte sich beim gemeinsamen Essen und lebte für kurze Zeit in der Vorstellung, dass kulturelle Unterschiede überbrückbar seien, wenn wir einander freundlich und wohlwollend begegnen. Dieses Verhalten ist verbreitet und nachvollziehbar. Wenn Menschen aus verschiedenen Kulturen zusammentreffen und gemeinsame Annäherungs- oder Begrüßungsrituale fehlen, dann flüchtet man in Illusionen. Meist wird versucht, durch Euphorie und Lobhudeleien Fremdheiten zu überbrücken. Man will Unsicherheiten überspielen und die Tatsache verdrängen, dass man sich nur bedingt versteht und Differenzen zu Problemen führen könnten. Aus Naivität oder Angst dreht man auf und verfällt einem oberflächlichen Aktionismus in der Hoffnung, dass Verständigung sich von alleine einstellt. Eigentlich geht es jedoch darum zu verhindern, dass die Gegensätze hervorbrechen und es zu einem Konflikt kommt. Nicht immer funktioniert diese Strategie.

Konflikte werden nicht nur durch Begegnungsrituale neutralisiert. Gesellschaften haben noch weitere Maßnahmen entwickelt, um Gewalt zu verhindern. Unsere Interaktionen werden durch den Raum beeinflusst, in dem wir uns bewegen. In einer düsteren Bar reden und benehmen wir uns anders als beim Besuch einer Kirche oder wenn wir die Hauptstraße der heimischen Stadt hinunterspazieren. Gesellschaften teilen ihre Lebens- und Arbeitsräume in verschiedene Zonen auf. Diese sind mit unterschiedlichen *Codes* besetzt. Es handelt sich um ungeschriebene, selbstverständliche Verhaltensnormen, die im entsprechenden Raum gelten. Im Normalfall richten wir uns automatisch nach den Vorgaben des jeweiligen

Lebensbereiches und können seine Qualitäten erkennen. Es gibt private, öffentliche Räume, sakrale Zonen, Freizeitbereiche und halböffentliche Räume. Im *privaten Raum* genießen wir die größte Freiheit. Er ist am wenigstens durch allgemeine Erwartungen besetzt. Wie man miteinander spricht, aufeinander zugeht, ob man sich anfasst, umarmt, küsst oder streitet ist allein uns überlassen. Ich kann die Partnerin zuhause mit einem diskreten Kuss auf die Wange, einer leidenschaftlichen Umarmung oder einem Tarzanschrei begrüßen. Weder die Bewegungen noch die Wortwahl sind vorgegeben. Der private Raum ist darum ein *Experimentierfeld* für neue Verhaltensweisen, Begegnungen und Diskussionen. Dort kann gesagt werden, was man »wirklich« denkt und man kann der eigenen Fantasie freien Lauf lassen. Der größere Freiheitsgrad hat jedoch auch eine Kehrseite: Aggressionen, Frustrationen und Wut werden direkter und offener abreagiert. Man hält sich weniger zurück. Aus diesem Grund kommt es im privaten Raum eher zu Gewalt.

Im *öffentlichen Raum* gelten ungeschriebene und stillschweigende Codes und Normen. Wie man sich bewegt, wohin man den Blick wendet, wie nahe man einem unbekannten Menschen treten und wo man sich kratzen darf, ist festgelegt. In öffentlichen Räumen tanzen wir in der Regel nicht wild herum, singen die Marseilleise oder ziehen uns um. Unsere Bewegungen bleiben ruhig und diszipliniert, der Gang zielgerichtet, den Blick nach vorne, und unsere Kleidung sollte nicht zu extrem sein. Man starrt Passanten nicht an, schaut Frauen nicht auf die Brüste oder gibt einer Person, die einen stört, nicht etwa einen Schups. Natürlich: auch hier gibt es Freiheitsgrade. Wir müssen uns nicht *zwingend* nach solchen Vorgaben richten, können uns ausgeflippt benehmen und die Codes missachten. Die überwiegende Mehrzahl der Menschen hat jedoch Hemmungen, sich im öffentlichen Raum zu blamieren. Wir wollen nicht als verrückt gelten. Die Codes

des öffentlichen Bereiches haben wir *internalisiert*. Sie disziplinieren uns auch, *ohne* dass wir sie in Erinnerung rufen.
Auch hier gibt es kulturelle Unterschiede: in Japan ist es verpönt, im öffentlichen Bereich mimische Signale zu senden,
verboten sich zu küssen, und in Mexiko sollten Frauen nie auf
der Straßenseite neben einem Mann gehen. In Korea ist es
möglich, dass Männer Händchen haltend einhergehen und
andere Passanten anrempeln – eine Verhaltensweise, die in
mitteleuropäischen Ländern Befremden auslösen würde.

Beim dritten Raum handelt es sich um den *halböffentlichen*
Bereich. Darunter versteht man ein Territorium, zu dem theoretisch *jeder* Zugang hat, der jedoch von einer Person oder Institution definiert und gestaltet wird. In diesen Räumen gelten
die Codes der betreffenden Institution. Zum halböffentlichen
Bereich gehören Restaurants, Bibliotheken, Kirchen, jedoch
auch der öffentliche Verkehr. Jeder kann eine Fahrkarte kau-
fen und in einen Zug einsteigen.[26] Sobald er sich allerdings an
einen Tisch setzt oder einen Sitz in einem Eisenbahnwagon
einnimmt, müssen bestimmte Verhaltensregeln beachtet werden. Im Zug darf man die Füße nicht auf den gegenüberlie-
genden Sitzplatz legen, rauchen, laut schreien oder eine wilde
Party veranstalten. Weiter muss man natürlich im Besitz eines
gültigen Fahrausweises sein. Im Restaurant sollte man nicht
die Gäste am Nebentisch stören, laut rülpsen oder die allmor-
gendlichen Turnübungen auf dem Boden durchführen. *Wie*
man sich verhalten soll und was toleriert wird, ist *vorgegeben*.
Servicepersonal und Restaurantbesitzer erinnern durch ihre
Präsenz an die Codes, so wie es das Zugspersonal in der Eisenbahn durch Kontrollen tut.

»Der Besitzer verlangt, dass Sie dieses Lokal sofort und
diszipliniert verlassen!«, teilt uns eine Bedienung trocken mit.
Wir sind bas erstaunt! Eigentlich wollten wir unsere Bestel-
lung aufgeben, vielleicht noch etwas essen und uns unterhalten. Nach einer langen Autofahrt war ein Bruder mit seinem

Freund in Schottland eingetroffen. Zwei Stunden hatte ich im Royal Hotel von Comrie auf die beiden gewartet. Als sie schließlich das Lokal betraten, bemerkte ich, dass am Tisch ein Stuhl fehlte. Kurz entschlossen besorgte ich einen am Nebentisch. Dies war ein Fehler! In der Schweiz wird solche Selbstständigkeit toleriert, in Schottland, wo sich die meisten Menschen wie Untertanen verhalten, gelten andere Codes! Man hat demütig am Eingang stehen zu bleiben und zu warten, bis der Chefkellner einem gnädigst einen Platz zuweist.

Die Codes in den verschiedenen Räumen dienen auch dazu, Konflikte und damit Gewalt zu verhindern. Ihr Zweck ist, das Funktionieren einer Gesellschaft zu ermöglichen. Junge Menschen brauchen oft Zeit, sich an diese Codes zu gewöhnen und sie zu internalisieren. Sie empfinden sie oft als eine unnötige oder gar repressive Einengung ihres Daseins und befürchten, ihre individuellen Gestaltungsmöglichkeiten und ihre Freiheit zu verlieren. Problematische Verhaltensweisen und Gewaltausbrüche haben auch damit zu tun, dass junge Menschen den halböffentlichen und öffentlichen Raum als einen privaten oder codefreien Raum wahrnehmen.

Geschenke sind eine subtile Form der Gewaltprävention. Wir beschenken uns nicht nur aus Menschenliebe, Lebensfreude oder Großzügigkeit, sondern Präsente haben auch eine psychologische Funktion. In allen Kulturen hat das Übergeben eines wertvollen oder bedeutungsvollen Gegenstandes eine hohe symbolische Bedeutung. Geschenke fördern den sozialen Zusammenhalt und vermindern die Wahrscheinlichkeit von Konflikten. Mit dem Akt des Schenkens transportieren wir Botschaften. In der Regel braucht es einen offiziellen Anlass, damit wir einem Mitmenschen etwas schenken: Geburtstag, Pensionierung, Firmung. Mit einem Geschenk kann auch eine außerordentliche Leistung gewürdigt werden. Wir beschenken uns, um eine diffizile soziale Situation zu meistern oder eine Gegenleistung zu erbringen. Wenn einem zwei

Kollegen beim Umzug geholfen haben, dann schuldet man ihnen beispielsweise eine Essenseinladung. Es handelt sich dann um eine Gegenleistung und um ein Zeichen der Wertschätzung der anderen Person. Geschenke drücken auch die Exklusivität einer Beziehung aus. Wenn man der Frau oder Freundin nichts oder aber ein zu großes Geschenk von einer Geschäftsreise mitbringt, dann schöpft sie Verdacht. Das Geschenk symbolisiert eine Beziehungsbestätigung. Geschenkt wird auch, wenn man in einen fremden Raum eindringt. Besucht man den Nachbarn, übergibt man ihm eine Flasche Wein, Pralinen oder einen Blumenstrauß. Indem man etwas gibt, wird signalisiert, dass man auch großzügig sein kann und der Gastgeber nicht nur einen Schmarotzer oder gar Räuber vor sich hat. Es handelt sich um eine *Friedensgeste*. Der Wert des Geschenkes muss auf die Bedeutung des Anlasses abgestimmt sein. Bringt man bei einer Einladung zu Kaffee und Kuchen zwölf Flaschen Wein mit, dann ist das komisch. Was will er, denkt sich der Gastgeber. Die Besänftigungsgeste verwandelt sich in einen aggressiven Akt. Wie beim Potlash[27] wird das Geschenk als Zeichen der Arroganz und als Machtakt aufgefasst. Wenn das Geschenk übermäßig groß und sehr wertvoll ist, bleibt der andere beeindruckt und verhält sich still.

»Er hat behauptet, dass man mindestens eine Stunde braucht, um diesen Boden herauszureißen«, teilt mir der siebzehnjährige Berim mit. »Ich, ich habe es in einer halben Stunden geschafft! Mein Chef konnte es nicht glauben!« Der Junge strahlt vor Stolz. Er hat soeben eine Berufslehre als Bodenleger angetreten, nachdem er wegen seines gewalttätigen Verhaltens von verschiedenen Schulen gewiesen worden war und etliche Vorstrafen vorzuweisen hatte. Er galt als renitent und unbelehrbar. Dieser Lehrmeister brachte eine Wende. Bei ihm erlebte er zum ersten Mal, dass er sich nicht nur anpassen musste, sondern sich selber als Person einbringen konnte.

Seine Haltung ist typisch für junge Männer. Sie möchten nicht nur mit Ausbildung beschenkt werden, sondern verlangen *auch* nach einem Auftritt. Sie möchten in ihrer individuellen Persönlichkeit bestätigt werden und das Gefühl haben, eine außerordentliche Leistung erbringen zu können. Wenn sie sich nur anpassen und annehmen müssen, dann werden die Anstrengungen der Auszubildenden nicht mehr geschätzt und die Ausbildungsinhalte werden aus der Sicht der Jugendlichen hohl. Die Erwachsenen wollen sich generös zeigen und sozial geben, indem sie die Ausbildung durch den Staat finanzieren lassen, doch bei den Jugendlichen kommt oft eine ganz andere Botschaft an: Wir sind und bleiben definitiv die Stärkeren, wir bestimmen, was die Bildungsinhalte sind, und brauchen euch Jungen nur, um Euch nach unseren Vorstellungen zu prägen. Vor allem junge Männer begegnen Ausbildungen oft mit Skepsis. Unbewusst weigern sie sich, in einer infantilisierten Position zu verharren.

Codes und Rituale, die das Zusammenleben regeln, beachten wir, weil wir sie *internalisiert* haben. Wenn wir uns mit einer Kultur identifizieren, orientieren wir uns wie selbstverständlich an ihren Vorgaben. Wir müssen nicht durch Erinnerungstafeln, Handbücher oder Kurse daran erinnert werden. Der Respekt vor den Codes wird zu einem Teil unseres Selbst. Wenn wir einen Code verletzen, dann schämen wir uns und fühlen uns unwohl. Es stört uns, bei einer Einladung mit leeren Händen zu erscheinen oder einem Fahrgast im Bus zu nahe zu treten. Das Unbewusste sendet Signale und erinnert uns an die Bandbreite der erlaubten Verhaltensweisen. Die kontrollierende und ordnende Instanz sind wir selbst und ist die Folge einer *psycho-emotionalen Einstimmung* auf den entsprechenden Lebensbereich. Diese kulturelle Angliederung geschieht über die gelebten Werte, Mythen und die effektiv gesprochene Sprache, in der Schweiz der Dialekt. Wenn wir eine Kultur verinnerlicht haben, dann reagieren wir empfindlich auf Sanktionen. Wir ärgern uns über den strafenden Blick der Nachbarin, der uns in Erinnerung ruft, dass man am Sonntag keine Flaschen entsorgen sollte, oder man findet es peinlich, wenn man betrunken die Hauptstraße des Heimatortes hinunter torkelt. Die Verhaltensregeln sind Teil des Überichs, so dass man *von innen* heraus auf eigene Übertretungen reagiert.

»Komm, wir fahren nach Zürich, dort läuft am 1. Mai etwas, und man kann Polizistenschweine verdreschen!«, höre ich eine Gruppe junger Männer ausrufen, als ich in Bern am Bahnhof stehe. Sie fahren in die ihnen fremde Stadt, weil es dort *Zoff* gibt, man eine Straßenschlacht erleben und Ladenscheiben einschlagen kann. Die Stadt wird zu einem Ort, wo man unter dem Vorwand, an einer Demonstration teilzunehmen, die Lust an der Gewalt ausleben kann. Die jungen Männer aus den Dörfern Bümpliz, Muri oder Niederbipp haben die Codes der urbanen Zonen nicht internalisiert. Aus ihrer Sicht handelt es sich um ein Niemandsland, wo man tun und lassen kann, was man will. Zuhause werden sie sich jedoch empören, wenn die Schwester den MPD-Player aus ihrem Schlafzimmer genommen hat, um ihn für kurze Zeit auszuleihen.

Gewalt wird weder durch eine hohe Moral, eine intakte Persönlichkeit noch durch große Empathiefähigkeit verhindert. Die Neigung zur Gewalt gehört zum *Basisrepertoire* der Mehrzahl junger Männer und Frauen. *Aus anthropologischer Sicht ist Gewalttätigkeit normal.* Natürlich geben wir dies nicht zu. Unser Selbstbild verbietet es uns. Der Wunsch, Konflikte auf anderem Weg zu lösen und miteinander friedlich umzugehen, ist ebenso tief in uns verankert wie unsere Neigung zu Gewalt. Da unsere gewalttätige Seite mit unserem Friedenswunsch in Widerspruch steht, suchen wir nach Gründen, um unser Gewaltbedürfnis auszuleben, und nach Orten, die die Möglichkeit dazu eröffnen. Die moralische Berechtigung wird oft nachgeliefert; man kämpft gegen Kapitalismus, die Faschos, die Linken oder Rassisten. Neben moralischer Charakterstärke, die wir jedoch als Normalbürger nicht immer aufbringen, ist es vor allem die Einbindung in eine Gemeinschaft, die verhindert, dass wir nicht den armen Nachbarn attackieren oder eine psychopathische Nebenbuhlerin vergiften. Unsere persönliche Haltung allein genügt nicht. Gewaltpräventionsprogramme, die vor allem bei den persönlichen Kompetenzen ansetzen, greifen darum ins Leere. Um Gewalt zu verhindern, müssen wir darum als Erstes ein psychologisch stimmiges Bild von uns entwerfen: Wir können uns zwar nicht trauen, doch verfügen wir auch über Kräfte und Fähigkeiten, Gewalt zu verhindern.

Das Problem vieler junger Menschen ist, dass sie noch nicht in die Gesellschaft eingebunden sind. Vor allem haben sie die Codes des öffentlichen oder halböffentlichen Raums *nicht* internalisiert. Sie haben sich nicht zu einem Komplex in ihrem Unbewussten entwickelt. Oft haben sie sich lediglich in die eigene Familie und ihre Gleichaltrigengruppe hinein sozialisiert, zur Außenwelt haben sie noch keinen Bezug. Sie nehmen darum öffentliche, wie auch halböffentliche Räume *anders wahr* als integrierte oder assimilierte Menschen. Sie glauben sich in einem Freiraum zu bewegen, in dem man tun und lassen kann, was man will. Man kann dort raufen, saufen oder sprayen. Sie werden zu Projektionsflächen für eigene Stadtmythen oder die Gangsta-Kultur. Aus psychologischer Sicht handelt es sich um *Wüsten*, die nur in ihrer Funktion wahrgenommen werden. Eine Straßenbahn ist nicht ein emotional besetztes Identifikationsobjekt, sondern ein Fahrzeug, mit dem man gratis fahren kann, wenn man schlau genug ist. Eine Straße ist nicht ein Teil der Stadt, in der man lebt und die man liebt, sondern eine Möglichkeit, von A nach B zu kommen. Der öffentliche Raum wird funktionell, rationalistisch interpretiert und nicht zu einem Seelenraum. Wenn junge Menschen nicht in die Psychologie dieser öffentlichen Räume eingeführt wurden, dann wirken auch die Sanktionen nicht. Man schämt sich nicht, wenn man eine Bierflasche auf der Straße zerschlägt, reagiert nicht auf die ermahnenden Blicke von Passanten, wenn man an eine Wand uriniert oder glaubt auf Provokationen mit der Faust reagieren zu müssen. Polizeistrafen werden mit einem Achselzucken quittiert.

Eine solche emotionale Beziehungslosigkeit zu öffentlichen und halbprivaten Räumen kann nicht durch staatliche Instanzen kompensiert werden. Es kann nicht an jeder Straßenecke ein Polizist stehen und für jedes Fehlverhalten eine Strafe aussprechen. Greifen internalisierte Sanktionsmaßnahmen nicht, dann hat die Gesellschaft ein Problem. Haben junge Menschen keine Beziehung zu öffentlichen Räumen, dann werden sie zu Zonen, in denen man dunklen Fantasien nachgehen, persönliche Markierungen vornehmen und sich als Gangsta inszenieren kann. Rohheit und Freude an der Gewalt darf ausgelebt werden. Aus der Sicht dieser Jugendlichen herrscht dort ein Machtvakuum.

Ziel muss sein, Jugendlichen dabei zu helfen, mit öffentlichen und halböffentlichen Räumen in Beziehung zu treten. Dies ist vor allem ein *emotionaler* Prozess. Sind ihnen die Geschichte, die Probleme und die Qualitäten dieser Räume vertraut, dann steigen die Chancen, dass sie öffentliche Räume respektieren und die entsprechenden Codes einhalten. Dieser Anbindungsprozess geschieht jedoch nicht automatisch, sondern dank der Arbeit Erwachsener, die bereit sind sie einzuführen. Er beginnt in der Kindheit und sollte Teil der Erziehung sein. Schulen haben die Aufgabe, Kinder auch in die Psychologie und Geschichte ihrer Umgebung einzuführen und sollten sich nicht allein auf innerschulische Lernprozesse konzentrieren. Das Münster in der Stadt ist dann nicht bloß irgendeine Kirche, oder ein zentraler Platz, nur ein Verkehrsknotenpunkt, sondern Gebäude, Plätze drücken Haltungen, Werte aus und sind Resultate von Anstrengungen der Mitmenschen. Sie werden zu Symbolen. Um eine Beziehung zu öffentlichen Räumen zu entwickeln, müssen Jugendliche schon im Kindesalter erfahren, wer zuständig ist. Vielleicht hilft es, wenn sie als Kinder mithelfen, während der Nacht eine Straße zu reinigen oder durch eine Kanalisation zu kriechen, damit sie wissen, wo unser Abwasser hingeht. Nur über persönliche, direkte Erfahrungen nimmt man eine Beziehung zu einem Stadtteil oder Dorf auf. Zum Anbindungsakt gehört die Kenntnis der Geschichte der öffentlichen und halböffentlichen Räume. Vor allem Jugendliche aus anderen Kulturen wollen die Geschichten hören, die unsere Räume auszeichnen. Auf diese Weise wird der Raum persönlich signifikant. Wenn sie *keinen* Bezug haben, dann beginnen sie sich den Raum autonom anzueignen. Da es sich aus ihrer Sicht um Niemandsland handelt, kann man »die Sau« rauslassen, provozieren. Man sprayt mit der trotzigen Hoffnung, dass sich ihnen jemand entgegenstellt, empört ist und ihr Verhalten als Fehler bezeichnet. Die Jugendlichen wollen wissen, ob die Erwachsenen reagieren und ihrem Treiben Einhalt gebieten. Wenn nach einer gewissen Zeit *keine* Gegenreaktion kommt und die Erwachsenen keine Präsenz zeigen, droht der Raum zu verwahrlosen oder von jugendlichen Banden beherrscht zu werden, wie man es von South Chicago oder den Banlieus von Paris kennt.

3. Was geht in jugendlichen Gewalttätern vor?

Denkweise, Weltbild und Persönlichkeitsstrukturen

»Ist *das* ein charmanter junger Mann!«, flüsterte mir meine Assistentin zu, nachdem sie den achtzehnjährigen Mann aus Zaire empfangen hatte. Er hatte sie nach ihrem Wohlergehen gefragt, die Blumen auf ihrem Pult bemerkt und ihr den Vortritt gelassen, als sie ihn zum Wartezimmer führte. Das Gericht hat angeordnet, dass er bei mir eine Therapie beginnt, um seine Aggressionen zu zügeln. Im anschließenden Einzelgespräch verhält er sich zurückhaltend und schüchtern. Gerne trete er einer Gruppe bei, in der man versuche, seine Aggressionen zu bewältigen! Schließlich sei auch er gegen Gewalt, teilt er mir überzeugend mit.

Ein Woche später werden mir seine Gerichtsakten zugeschickt. Mich schaudert, als ich darin lese: verurteilt wurde er wegen *zwei* brutaler Raubüberfälle und einer Schlägerei. Seine Angriffe waren nicht die Folge einer unglücklichen Gruppendynamik und waren auch nicht im Rausch geschehen. Der junge Mann hatte *alleine* gehandelt und aus nichtigen Gründen einen Passanten angegriffen. Der hatte sich geweigert, ihm eine Zigarette zu geben. Einem Bekannten hatte er mehrere Faustschläge ins Gesicht verpasst, weil er ihn ›nervte‹. In einer weiteren Prügelei hatte er nicht aufgehört, auf seinen Kontrahenten einzuschlagen, als der schon wehrlos auf dem Boden lag und aus dem Mund blutete! Gegenüber der Polizei bezeichnete er diesen Bekannten, der ihn genervt hatte, als »Missgeburt, man müsse die Uhr zurückdrehen und ihn abtreiben!«

Ein solcher Vorfall schockiert. Wie können wir jedoch die Diskrepanz zwischen dem angenehmen, empathischen Auftreten und diesen brutalen Taten erklären? Woran erkennt man Gewalttäter? Im persönlichen Kontakt ist es oft schwierig herauszufinden, ob es sich beim Jugendlichen, der vor einem sitzt, um eine gewalttätige Person handelt oder der Gewaltakt ein Ausrutscher war. Der Eindruck während eines persönlichen Gesprächs kann täuschen. Gewalttätige oder psychopathische Menschen können angenehm im Umgang sein und einen treuherzig anblicken.[28] Sie können Gefühle mimen, auf andere Personen eingehen und zugänglich wirken. Ihre Schattenseite verstehen sie zu verbergen. Psychopathen fehlt ein moralischer Instinkt. Ihre Handlungen richten sich nicht nach dem Gewissen aus, sondern nach Opportunitätskriterien.[29] Auch wenn es sich bei ihnen nicht um Psychopathen handelt, viele gewalttätige Jugendliche spalten bei oberflächlichen Erstkontakten ihre gewalttätige Seite ab. Es ist schwierig herauszufinden, ob es sich bei ihnen um eine bedrohliche Person handelt.

Kennzeichen einer gewalttätigen Person ist, dass sie bereit ist zuzuschlagen, wo andere wütend, verzweifelt sind oder mit Rückzug reagieren. Ein gewalttätiger Mensch kontrolliert seine Aggressionen nicht, sondern rastet aus, weil er sich ungerecht behandelt oder nicht respektiert fühlt. Er hat nur wenig Hemmungen und kaum Bedenken beim Einsatz von Gewalt. Während viele Menschen über den definitiven Faustschlag nur fantasieren, wenn sie von einem Mitmenschen drangsaliert oder gestört werden, führen Gewalttäter ihn auch *tatsächlich* aus. Sie denken nicht an die Verletzungen, die sie sich selber oder der anderen Person zufügen. Zuschlagen oder Waffeneinsatz ist für sie die einzige Option. Es *muss* einfach geschehen.

Unsere Einstellung unseren Mitmenschen und uns selber gegenüber ist nicht konstant. Sie verändert sich je nach sozialem Kontext und eigener Befindlichkeit. Normalerweise verhalten wir uns besonnen und vernünftig. In diesem Zustand gehen wir unserer Arbeit nach, verbringen die Freizeit und bewegen uns in öffentlichen und halböffentlichen Räumen. Wir kontrollieren unsere Bewegungen, lenken unsere Gedanken und steuern unsere Wahrnehmung auf die Objekte und Personen, die wir auswählen. Im besonnenen Normalzustand sind wir ansprechbar. Wir sind fähig, die Erwartungen und Codes der Umgebung bei unseren Handlungen zu berücksichtigen und Positionen anderer Menschen nachzuvollziehen. Wir können vielleicht sogar die Argumente einer anderen Person nachvollziehen.

Neben dem besonnenen Zustand gibt es den *konflikthaften* Zustand. Dieser kann durch einen äußeren Anlass ausgelöst werden oder die Folge von inneren Schwierigkeiten oder persönlichen Problemen sein. Im konflikthaften Zustand manifestieren sich andere, oft ungewohnte Persönlichkeitszüge. Dr. Jeckyll tritt ab und Mr. Hyde übernimmt. Wir fühlen, denken und sehen unsere Umwelt nicht so, wie wir es normalerweise tun. Oft löst eine Banalität den konflikthaften Zustand aus. Ein Autofahrer verweigert uns den Vortritt und wir schnauben vor Wut; in einem Restaurant wird uns die Brieftasche gestohlen und wir glauben uns nur noch von Gaunern umgeben, oder wir haben eine Trennung zu verarbeiten und sehen unser Leben nur noch in schwarzen Farben. Im konflikthaften Zustand denken, fühlen und handeln wir nicht mehr so, wie wir es von uns gewohnt sind. Unsere Selbstwahrnehmung und die exekutiven Funktionen sind beeinträchtigt oder angespannt. Die Emotionen dominieren. Wir schwitzen, hören unser Herz schlagen, die Stimme überschlägt sich oder zittert. Im konflikthaften Zustand verengt sich auch der Wahrnehmungshorizont. Während wir im besonnenen Normalzustand unsere Aufmerksamkeit steuern und entscheiden können, was wir sehen, hören oder riechen wollen, ist dies im konflikthaften Zustand nicht mehr möglich. Unsere Emotionen haben das Zepter übernommen und wählen aus. Wir sind auf den spöttischen Blick des Gegenübers fixiert oder haben nur noch die beleidigenden Worte, die uns entgegen geschleudert wurden, im Ohr. Im konflikthaften Zustand streben wir eine *sofortige* Lösung des Problems an. Der andere soll sich *augenblicklich* und *sofort* entschuldigen, muss entfernt werden oder in die Verbannung nach Cayenne. Wir denken *eindimensional* und *egozentrisch*. Unabhängig von der Schuldfrage planen wir Rache oder fühlen uns als Opfer. Was uns geschehen ist, muss gesühnt werden, alles andere spielt keine Rolle. Wir sind nicht fähig, andere Faktoren oder die Ansicht anderer Personen in unser unmittelbares Handeln mit einzubeziehen, sondern werden brutal auf uns selber zurückgeworfen. Während wir im Normalzustand fähig sind, unsere Handlungen und Gedanken auf die Umgebung abzustimmen, geht dies im konflikthaften Zustand nicht mehr. Sowohl die Codes der Umgebung als auch die Folgen können nicht mehr reflektiert werden.

Die meisten jugendlichen Gewalttäter werden nicht aus dem Stand heraus aggressiv und gefährlich. Ihre gewalttätige Seite kommt zum Vorschein, wenn sie in den entsprechend psycho-emotionalen Zustand versetzt werden. Ob es sich bei einem Mitmenschen um eine gewalttätige Person handelt, können wir nur beurteilen, wenn wir in Erfahrung bringen, wie er oder sie sich in diesem *konflikthaften Zustand* verhält. Wir müssen das Verhalten in dieser außerordentlichen Situation studieren. Wie reagiert er, wenn er beleidigt und angeschuldigt wird oder in einen Streit mit einem Mitmenschen gerät. Diese Situationen sind unser Referenzpunkt, Begegnungen und Gespräche in einer Zweiersituation genügen nicht. Konflikte bringen die Schattenseiten zu Tage. Eigenschaften kommen zum Vorschein, die in uns allen lauern, die wir jedoch im Normalzustand verbergen oder durch ein starkes Über-Ich kontrollieren. Viele Menschen haben sich auch bei Konflikten im Griff. Sie setzen keine Gewalt ein, auch wenn sie innerlich kochen und sich schlecht oder ungerecht behandelt fühlen. Sie machen die Faust in der Hosentasche und schimpfen vielleicht mit einem Arbeitskollegen oder lassen ihre Wut an der Partnerin oder dem Partner ab. Bei Gewalttätern handelt es sich jedoch um Menschen, die einen Konflikt *nicht* ertragen. Sie rasten bei Spannungen oder Provokationen aus, statt mit Worten zu reagieren oder strategisch vorzugehen.[30] Eine Beleidigung oder ein Problem irritiert sie dermaßen, dass sie vom *besonnenen* Normalzustand in den konflikthaften Zustand katapultiert werden. Sie können mit schwierigen Situationen *nicht* umgehen und reagieren massiv, wenn eigentlich ein normales sich Wehren oder der Rückzug angezeigt wären. Sie greifen auf archaisches Lösungsverhalten zurück und lassen sich nicht durch etwaige Codes der Umgebung beeinflussen. Aus anthropologischer Sicht handelt es sich um eine Angriffsreaktion, die durch eine gefährliche Situation ausgelöst wird.[31]

Die Erzieherin wollte, dass er sich bei einem Mädchen aus der Gruppe entschuldigt. Er hatte ihr mutwillig ein Bilderbuch entrissen, nachdem sie es ihm nicht freiwillig geben wollte. Statt der Aufforderung nachzugehen tritt der sechsjährige Knirps zur jungen Frau, blickt ihr keck ins Gesicht und spuckt sie an. Ich lese von diesem Vorfall in der Akte des schulpsychologischen Dienstes, der sich damals um den Jungen bemüht hatte. Heute, zwölf Jahre später, befasse ich mich mit ihm im Zusammenhang mit einer Schlägerei vor einem Musikclub. Es ist zu einer Auseinandersetzung mit einem Türsteher gekommen. Der ließ ihn nicht herein, weil er zu viel getrunken hatte. Wieder hatte er sich geweigert, Anweisungen zu befolgen. In der Akte lese ich weiter von seinen Schwierigkeiten in der Grundschule: Schulausschluss, weil er die Klassenkasse geklaut hatte, ADHS-Diagnose, nachdem er durch permanente Unruhe während des Unterrichts und Dazwischenreden aufgefallen war. In der öffentlichen Sekundarschule konnte er auch nicht bleiben, nachdem er eine Lehrerin mit einem Messer bedroht hatte und es zu einer Schlägerei wegen eines Fußballtickets gekommen war. Ein Merkmal von gewalttätigen Jugendlichen ist die *biographische Kontinuität* ihres problematischen Verhaltens.[32] Viele junge Männer, die in der Gewaltszene aktiv sind, haben eine Geschichte der Gewalt hinter sich. Wenn man ihre Hintergrundsgeschichte hört, Anamnese erhebt, dann erfährt man von Vorfällen, Ausbrüchen und therapeutischen Interventionen. Schulsozialarbeiter haben sich bemüht, Therapeuten wurden mobilisiert, Medikamente wurden verabreicht und die Polizei hat interveniert. Oft zeigt sich die erhöhte Aggressivität und Unfähigkeit, mit Konflikten umzugehen, bereits im Kindergarten, setzt sich in der Grund- und Hauptschule fort, um später während der Pubertät und Adoleszenz richtig auszubrechen. Neben den effektiven Gewaltakten fallen jedoch auch andere Verhaltensweisen auf. Gewalttäter neigen oft auch zu Übergriffshandlungen. Sie sind besonders vorlaut, oft auch witzig und zum Teil auch originell.

»Nun habe ich Euch allen acht Wochen Ferien eingetragen!«, verkündete der neunjährige Junge keck und wandte sich lächelnd dem Sekretariatsteam zu. Um sich die Wartezeit bis zu seinem Termin zu verkürzen, hatte er sich der Magnetwand mit der Anwesenheitsliste der verschiedenen Mitarbeiter zugewandt. Ohne dass man es bemerkte, hatte er mit ein paar Handgriffen die Magnetknöpfe verschoben, so dass alle laut Auskunft auf der Magnettafel zwei Monate Ferien hatten. Das Sekretariatsteam war nicht eben begeistert von seiner wohltätigen Handlung. Der Junge war auch den Eltern durch sein freches Verhalten aufgefallen. Er konnte in die Straßenbahn einsteigen, sich neben eine Passagierin setzen, ihre prallen Einkaufstaschen betrachten und laut fragen: »So, was haben wir denn eingekauft?«

Wichtig ist, dass solche Übergriffshandlungen und Normverletzungen *alleine* nicht genügen, um einen potentiellen

Gewalttäter zu entlarven. Es handelt sich um ein Symptom unter vielen. Bei frechen Kindern, Tabuverletzern und nicht angepassten Kindern kann es sich auch um originelle, außergewöhnliche Menschen handeln. Nicht alle Jungen und Mädchen, die sich nicht an Normen und Codes halten, sind gefährlich und müssen einem Screening-Verfahren oder einer Therapie unterzogen werden, wie es von einzelnen Gewaltpräventionsspezialisten vorgeschlagen wird.[33]

»Für mich gibt es nur eines: bei diesen Faschisten muss sofort reagiert werden!«, teilt mir der neunzehnjährige Jugendliche mit. »Solche Schweine dürfen bei uns nicht frei herumlaufen!« Der Junge bewegt sich in der Antifa-Szene und brüstet sich mit seiner Großmäuligkeit. Sie seien, behauptet er, bei einem ihrer Sicherheitstouren auf drei Faschisten gestoßen! An ihren Springerstiefeln, ihren Frisuren und Jacken hätten sie sie erkannt.[34] Sie hätten ihnen nachgestellt und sie verprügelt. Später stellte sich heraus, dass es sich um Musikstudenten aus Schaffhausen gehandelt hat, die ein klassisches Konzert in Luzern besuchen wollten. Keiner hatte auch nur die geringste Beziehung zur rechtsextremen Szene. Eine Entschuldigung kommt ihm nicht über die Lippen.

Unserer Erfahrung nach ist ein *rigides Weltbild* ein weiteres Merkmal von Gewalttätern. Während sie im Umgang durchaus tolerant und offen für andere Ideen wirken, verraten sie bei bestimmten Themen eine eigenartige *Einengung des Denkens*. Man kann mit ihnen nicht diskutieren, da es sich um einen »heiligen Kampf« handelt und man aus ihrer Sicht nur noch handeln muss. Man ist entweder für oder gegen sie, gehört zu den Eingeweihten oder den Ignoranten. Oft weist das Weltbild dieser Jungen *paranoide* Züge auf. Die Welt wird eingeteilt in gute und böse Individuen oder Gruppen. Einige sind überzeugt, dass man sich gegen die »bösen« linksextremen Stadtindianer wehren muss, weil sie die eigene Geschichte und Heimat nicht achten und mit der ganzen linken

Elite unter einem Dach stecken; andere glauben, gegen die »bösen« Faschisten kämpfen zu müssen, die mit den neoliberalen Kreisen in Verbindung stehen, Arbeiter ausnützen und nur das Abzocken im Kopf haben. Wieder andere fühlen sich dazu berufen, gegen die »ungläubigen« Christen vorzugehen, die Frauen nicht respektieren und nicht einsehen, dass der Islam langfristig im Vormarsch ist und die Macht in Europa übernehmen wird. In den stark ideologisch geprägten Weltbildern dieser Jungen gibt es *keine Ambivalenzen* oder *offene Fragen*, die man diskutieren könnte, wenn es um politische, gesellschaftliche oder religiöse Themen geht. Sie glauben die Antworten auf aktuelle gesellschaftspolitische Fragen gefunden zu haben. Wenn man mit ihnen diskutiert, scheinen sie gefangen in einem Weltbild, das mit einfachen Schuldzuweisungen operiert. Auch wenn man einen guten, warmen Draht zu ihnen entwickelt, zeigen sie wenig Bereitschaft, von ihren Dogmen abzurücken.

»Ich möchte mal Jura studieren, damit ich später Anwalt werden kann!«, teilt mir ein Gymnasiast mit, der zu mir geschickt wurde, weil er mit Waffen in die Schule gekommen war und gezielt einen Nebenbuhler attackiert hatte. Zuerst glaube ich eine positive Lebensperspektive zu erkennen. Vielleicht hat er eingesehen, dass die Gewalt ihn nicht weiterbringt und er seine Energien anders ausleben kann. Meine Hoffnung wird zerstört, als ich seine Begründung höre: »Ich möchte Anwalt werden, damit ich mich der Mafia anschließen kann, viel Geld organisieren und viele Frauen haben kann!«

Ein weiteres Merkmal potentieller Gewalttäter sind unrealistische, zum Teil sogar phantastische Lebensentwürfe. Sie geben sich ein überhöhtes Lebensziel, sehen sich als Mega-Gangsta oder Multi-Millionär, umgeben von einer Schar sexuell hungriger Modells. In ihrer eigenen Vorstellung haben sie eine großartige Zukunft vor sich, werden reich und natür-

51

lich mit einem Ferrari durch die Stadt brausen. Ihre konkreten Ziele leiten sie oft von ihrem Weltbild ab. Sie werden reich, weil sie sich auch im Drogenhandel beteiligen können, auch in dieser »Scheißgesellschaft« abzocken werden und das gleiche Spiel betreiben werden, wie es die Oberen sowieso machen. Meistens haben die Jugendlichen nicht die geringste Chance, je ein solches Leben zu führen.

»Die Familie ist doch wichtig!«, raunt mir ein Jugendlicher zu. »Sie würden sich hoffentlich auch für Ihre Familie wehren, wenn man sie beleidigt, oder?«

Auffallend bei vielen gewalttätigen Jugendlichen ist weiter, dass sie *anerkannte* Werte zitieren, wenn sie von ihren Taten reden. Aus ihrer Sicht haben sie nichts Schlechtes gemacht, sondern sich für die Familienehre, die Frauen, für Respekt, Toleranz oder gegen Rassismus eingesetzt. Man musste auf den anderen eindreschen, nachdem der andere die Freundin »angemacht« hat. Die Anmache besteht oft jedoch lediglich aus einem zufälligen Blick auf die Freundin. Der gewalttätige Jugendliche sieht darin allerdings bereits eine schamlose Handlung, auf die man *unbedingt* reagieren muss, weil es ja um die Ehre der Frauen geht! Aus ihrer Sicht handelt es sich bei ihren Handlungen um legitime Abwehraktionen oder heldenhafte Einsätze. Zieht man ihre Bewegungsgründe in Zweifel, dann reagieren viele mit Erstaunen und Verständnislosigkeit. Ein Schwächling, wer sich nicht für die Ehre der Mutter oder Familie einsetzt! Erschreckend ist, dass oft das Wort »deine Mutter« genügt, um einen Angriff auszulösen. Vielfach kommt es jedoch zu eigenartigen Wahrnehmungsverzerrungen und bizarren Missverständnissen, wenn es um die Frage der Familienehre geht.

»Ich musste mich wehren! Habe ihm gesagt: Mann, du darfst nicht so über meine Familie reden!«, begründet ein Siebzehnjähriger seinen Angriff auf einen Lehrer. Er ist auf ihn losgegangen, hat ihn zu Boden gedrückt und geschlagen, bevor andere ihn wegziehen konnten. Er hat sich gegen ihn gewehrt, weil der Lehrer, wie er begründet, seine Familie zutiefst beleidigt habe, das gehe einfach nicht. Der Lehrer hat anscheinend ihm gegenüber gesagt: »Da würde sich dein Großvater im Grabe umdrehen!«

Das enge Weltbild, die grandiose Selbstdarstellung und die Selbstlegitimationen sind Versuche, die eigene Ohnmacht zu kompensieren. Viele Gewalttäter sind wenig eingebunden in Verantwortungen und Aufgaben, die sie befriedigen und wo sie sich wichtig fühlen können. Aufgrund eigener Unfähigkeit oder ihrer charakterlichen Anlagen schließen sie sich aus oder haben wegen ihres sozialen Hintergrunds keine Chance, sich auf dem Weg einer erfolgreichen Schulkarriere oder Berufsausbildung zu assimilieren. Sie trösten sich mit einer überhöhten Selbstdarstellung und ihrem Status als Täter. Sie lenken von der traurigen Tatsache ab, dass ihre Zukunft nicht sehr rosig aussieht.

Gewalttätige Jugendliche muss man differentialdiagnostisch abgrenzen von psycho- oder soziopathischen Jugendlichen. Bei diesen handelt es sich um junge Menschen, die einen *Persönlichkeitsdefekt* haben. Ihr Verhalten sprengt den üblichen Rahmen und kann auch nicht aus der gegenwärtigen Konfliktsituation erklärt werden. Soziopathen müssen nicht in den Konfliktzustand kommen, um gewalttätig zu sein. Sie können Gewalt kühl und überlegt ausführen. Die emotionale Aufwallung, die verengte Wahrnehmung oder die Fixierung auf Details brauchen sie nicht. Oft zeigen sie auch fast einen Stolz auf ihre Taten, was Kernberg »malignent grandiosity« nennt.[35]

4. Helfen Friedenswochen bei der Gewaltprävention?
Illusionen, Irrtümer und Träume

»… und dann, stellen Sie sich vor, hätte ich den Typen noch umarmen müssen! Wir haben einen Kreis formen, uns die Hand geben, singen und dieses Friedensplakat unterzeichnen müssen. Diese Friedenswoche hat mich wütend gemacht!«, klagt ein fünfzehnjähriger Junge. In seiner Schule wurde eine Friedens- und Völkerverständigungswoche durchgeführt. Man stellte alternative Formen der Konfliktbearbeitung vor, setzte sich mit afrikanischen Dörfern auseinander, pries die Green-Peace und Friedensaktivisten auf der ganzen Welt. Weiter forderte man gemeinsam eine Welt ohne Nuklearwaffen und sah im Militär, in Waffen und dem Nationalismus die Hauptursache für Kriege. Bei Kriegen gäbe es nur Opfer, hat der Junge gelernt und am Schluss hielt man eigene Friedensvorsätze auf einem großen Plakat fest. Ihm sei offensichtlich ein abwechslungsreiches Programm geboten worden, antworte ich und füge hinzu, dass Gewalt ein Thema sei, mit dem man sich *wirklich* auseinandersetzen müsse. Der Junge blickt mich verständnislos an und wendet trocken ein: »Schon recht: hie und da muss man doch auch kämpfen!«

Empathietraining, Toleranzförderung, interkulturelle Kommunikation, Umgang mit Gefühlen, Bewältigung des Alltagsrassismus, Hinterfragen des eigenen kulturellen Hintergrunds, Begegnung mit Ausländern, eigene Vorurteile, Zivilcourage sind einige der Themen, die in Friedenswochen, Projekttagen oder Friedenswerkstätten durchgenommen werden. Tageweise oder eine ganze Woche übt man in Rollenspielen, wie man sich von einem falschen Männerbild lösen, Gefühle ausdrücken, weinen kann oder Worte statt der Faust einsetzt. In den Friedenswochen werden Friedensmandalas hergestellt, Friedensstifter ausgebildet, Friedensraps komponiert, Friedensverträge aufgesetzt und Friedenswerbespots formuliert: »Wir akzeptieren keine Gewalt in der Schule!«, »Keinerlei Gewalt wird geduldet!« »Lass dich nicht einschüchtern!« »Sich einmischen, wenn andere schweigen«, »Nie mehr Krieg!«, »Atomwaffen – Nein Danke!« »Waffen gehören abgeschafft!« »Respekt statt Schläge.« Kinder und Jugendliche dürfen in die Natur, umarmen sich und haben Spaß beim Aufstellen von Friedenspfählen, Kerzenmärschen oder großen Gruppenbildern, die dann auf der Website der Schule erscheinen.

Auf den ersten Blick betrachtet, ist an solchen Aktionen nichts auszusetzen. Die Absichten der beteiligten Lehrerinnen und Lehrer sind integer, und die meisten Kinder und Jugendlichen genießen die Spiele. Wer will schon eine Woche kritisieren, in der gewaltlose Kommunikation und Friedensförderung propagiert werden? Die Problematik und beschränkte Wirkung solcher Aktionen wird einem jedoch bewusst, wenn man sich *vertieft* mit den Themen Konflikt und Gewaltprävention auseinandersetzt. Hat man mit Gewaltvorfällen zu tun und kennt man die Psychologie der Täter, dann kommen einem Zweifel. Werden solche Veranstaltungen wirklich ihren Ansprüchen gerecht? Gewaltprävention und die Verhinderung von Kriegen sind Themen, um die wir *keinen* Bogen machen sollten. Wenn jedoch in den Schulen Gewaltprävention betrieben werden soll, dann sollte eine vertiefte Auseinandersetzung mit dem Thema Gewalt die Voraussetzung sein. Wer Gewalt verhindern will, muss die Entstehung und die Psychologie von Konflikten und Gewalt kennen. Ideologisch ausgerichtete Programme oder solche, die auf Klischees beruhen, sind zwar eine willkommene Abwechslung im Schulalltag, doch der Erfolg ist sehr zweifelhaft. Gewaltprävention ist *zeitraubend, kostspielig* und lässt sich leider nicht in ein *Unter-*

haltungsprogramm hineinpacken. Programme gegen Gewalt dürfen nicht nur dem Zweck dienen, unser Gewissen zu beruhigen oder das Gefühl moralischer Überlegenheit zu verbreiten, sondern der jeweilige Ansatz sollte den Kriterien der effektiven Gewaltprävention folgen.[36] Sonst läuft man Gefahr, das Thema zu verwässern, und die echte Auseinandersetzung bleibt aus.

Hat man beruflich mit Konflikten und mit gewalttätigen Menschen zu tun, dann erlebt man immer wieder, dass die *bewusste* Haltung kaum je das Problem ist. Für Frieden und Gewaltlosigkeit sind *theoretisch* alle; auch der ärgste Gewalttäter. Wir bestätigen unseren Friedenswunsch auch gerne in Schwüren, Konferenzen, durch Verträge und in persönlichen Gesprächen. Als ich Gelegenheit hatte, im State Correction Center von Sonora, Kalifornien, zwei Tage lange mit »Livers«[37] zu arbeiten, die wegen Mordes und Raubüberfällen lebenslänglich im Gefängnis saßen, fiel mir auf, wie sie im Gespräch immer wieder betonten, dass sie natürlich *gegen* Gewalt seien.[38] Ihre eigenen Taten führten sie auf unglückliche Umstände, die Bande, ihren Hintergrund oder damalige persönliche Verwirrungen zurück. Sie selber beteuerten, dass sie für Frieden seien und gaben mir zu verstehen, ich solle unbedingt den jugendlichen Gewalttätern, mit denen ich arbeite, mitteilen, dass sich Gewalt nie lohne! Ihre Beteuerungen wirkten nicht gekünstelt, sondern echt. Diese Mörder, Räuber und Drogenhändler gebärdeten sich als Friedensapostel! Ihre Rhetorik spiegelte nicht ihre Taten wider.

Interessant ist auch das Studium von *Kriegserklärungen.* Es gibt kaum Dokumente, in denen mehr der Wunsch nach *Frieden* und einer *gerechten Ordnung* betont wird. Eigentlich beabsichtigt man gerade, mit einem anderen Land in Krieg zu treten, doch verbal wird der eigene Friedenswunsch beschworen und hervorgehoben, dass man *widerwillig* zu den Waffen greife. Genau wie Einzelpersonen greifen sich Länder nicht an, weil sie ihre Macht durchsetzen, ihr Territorium ausdehnen, oder ein verhasstes Volk ausrotten wollen, sondern aus edlen Motive.

Obwohl eine Friedenswoche etwas anderes ist als Friedensdeklarationen unter Nationen: aus psychologischer Sicht gibt es Parallelen. Das Problem Gewalt wird *objektiviert*. Bei Kriegserklärungen wird die Entstehung der Gewalt der Politik des anderen Landes zugeschrieben oder den Ungerechtigkeiten, die man erlitten hat, in Friedenswochen müssen die Gesellschaftsstrukturen, falsche Kommunikation, ein falsches Männerbild oder eine problematische Sozialisation herhalten. Übersehen wird, dass *alle* für Frieden sind und ihren Willen zu gewaltloser Kommunikation oder Diplomatie hervorheben. Das Problem ist, dass man sowohl bei Kriegserklärungen wie auch in Friedenswochen auf der *bewussten* Ebene bleibt. Das Bewusstsein ist jedoch trügerisch. Man arbeitet mit den eigenen Wünschen, Selbstdarstellungen und konfrontiert sich nicht mit den eigenen Schattenseiten. Lachend präsentiert man sich auf Gruppenfotos, formuliert schöne Vorsätze und lässt vielleicht am Schluss der Woche Ballone in den Himmel steigen, ohne zu realisieren, dass solche Inszenierungen nichts mit Gewaltprävention zu tun haben. Unser Bewusstsein ist nicht unabhängig, sondern wird von verschiedenen unbewussten Mächten beeinflusst.

Die Mehrzahl der Menschen bezeichnet sich selber nicht als gewalttätig, gemein oder sadistisch. Aus der Sicht der Psychologie lassen sich solche Aussagen jedoch nicht buchstäblich nehmen. Sie drücken nicht die *wirklichen* Motive, Neigungen oder Aktionen der Betreffenden aus, sondern spiegeln lediglich ein *Selbstbild* wider. Dieses entspricht jedoch meist nicht der tatsächlichen Persönlichkeit. Erfahrungsgemäß ist ein Selbstbild auch nicht das Resultat einer Tiefenreflexion über die eigenen Motive. Der Grund: Das Selbstbild erfüllt einen ganz bestimmten psycho-emotionalen Zweck. Es hat die Aufgabe, das Leben mit uns selber zu ermöglichen. Wir produzieren eine Vorstellung von uns, damit wir uns selber ertragen und zu uns stehen können. Die Aufgabe des Selbstbildes ist, uns zu ermutigen, die Herausforderungen unseres privaten und beruflichen Lebens anzupacken. Es muss dafür sorgen, dass wir am Morgen, wenn wir uns im Spiegel betrachten, denken, dass es sich noch lohnt, dieses Individuum der Menschheit zu präsentieren. Es muss uns beruhigen und vom eigenen Selbstwert überzeugen. Problematische oder mit dem Überich nicht kompatible Eigenschaften müssen verdrängt oder abgewehrt werden. Sie könnten die persönliche Stabilität stören oder gar eine Selbstwertkrise auslösen. Was uns irritiert oder beunruhigt, muss abgespalten werden, weil wir sonst nicht mehr funktionieren und den Glauben an uns selber verlieren. Beim Selbstbild handelt es sich um persönliche Propaganda.[39]

Im besonnenen Zustand neigen wir kaum zu Gewalt. Wenn wir nüchtern, ruhig und überlegt sind, meiden wir Konflikte. Im besonnenen Zustand erleben wir uns und die Umgebung als friedlich. Etwaige Probleme oder Ärgernisse haben wir im Griff. Wir beachten die Regeln und Codes, die in unserem sozialen Kontext gelten und mit denen wir uns identifizieren. Ein Problem ergibt sich erst, wenn wir in einen *konflikthaften* Zustand geraten. Wir werden emotional aufgeladen, beginnen in Feindbildern zu denken und uns auf Details zu fixieren. Unsere Wahrnehmung, unser Denken, unsere Werte verändern sich und wir werden aggressiv und intolerant. Die Friedensvorsätze, die wir im besonnenen Zustand hochhielten, werden umgedeutet. »Die Leute, die nicht begreifen, dass Gewalt keine Lösung ist, sollte man alle an die Wand stellen!«, schmetterte mir mal ein Teilnehmer einer Podiumsdiskussion erregt entgegen. Wir sind alle friedlich, bis wir gewalttätig werden.[40] Ernsthafte Friedensarbeit muss darum bei dieser konflikthaften Seite unserer Persönlichkeit ansetzen. Wenn wir *außer* uns sind, drohen Gefahren, im besonnenen Zustand kann man mit uns reden, wenn wir auch irritiert, beleidigt oder betroffen sind. Effektive Gewaltprävention muss sich mit jenen Momenten im Leben auseinandersetzen, wo wir *kein* Verständnis für den anderen haben, *wütend* sind und die Umwelt nur noch *schablonenhaft* sehen. Situationen, in denen wir *kein* Verständnis für die Aktionen und Denkweisen eines Mitmenschen aufbringen können. Solche Situationen erleben wir alle. Das Problem ist, dass wir den konflikthaften Zustand nicht im Rahmen eines Rollenspiels oder einer Trainingseinheit evozieren können. Da wir in einem besonnenen Zustand sind, fehlen die Emotionen, der scharfe Blick und die Wut, die Konflikte auszeichnen und leider oft zu Gewalt führen.

Die Idee, dass der interkulturelle und gegenseitige Dialog dem Frieden diene, ist alt: Als die Hauptstädte im Laufe des 19. Jahrhunderts durch Eisenbahnen miteinander verbunden wurden, war man überzeugt, dass es in Europa keine Kriege geben werde. Dank der Eisenbahnverbindungen würde man sich gegenseitig besuchen, kennen und Verständnis füreinander entwickeln.[41] Leider verhinderte die Vernetzung der Städte den ersten Weltkrieg nicht. In den Dreißigerjahren pflegte man den Schüleraustausch zwischen Deutschland und Frankreich und glaubte, dass man so die Völkerverständigung fördere. Dies war kurz vor dem Zweiten Weltkrieg.

Meistens gehen wir davon aus, dass die Angehörigen einer fremden Kultur sich von den eigenen Werten überzeugen lassen. Wir empfinden die eigenen Glaubenssätze und die eigene Lebensführung als fortschrittlich, die fremde Kultur als entwicklungsbedürftig. Bewusst ist uns all dies nicht. Bewusst geben wir uns selbstkritisch und lehnen chauvinistische Allüren ab. Wir passen uns den offiziell vertretenen Positionen an. Unsere kulturelle Voreingenommenheit tritt zum Vorschein, wenn wir uns mit unseren existentiellen Grundwerten befassen. Wir sind zum Beispiel überzeugt, dass es sich bei den

Menschenrechten, der Gleichberechtigung der Frauen, der gewaltlosen Erziehung oder der Demokratie um *universelle* Anliegen handelt. Die gewaltlose Erziehung betrachten wir als fortschrittlich. Wer in außereuropäischen Kulturen gearbeitet und gelebt hat, weiß dass unsere Werte von vielen Kulturen *nicht* geteilt werden.

Krass zeigen sich Kulturunterschiede bei der Frage der Rollen und Aufgaben der Geschlechter. Im Westen sind wir überzeugt, dass es sich bei der Gleichberechtigung der Geschlechter um ein universelles Anliegen handelt. Sowohl Männer als auch Frauen sollen die *gleichen* beruflichen Chancen haben und in der Öffentlichkeit gleichberechtigt auftreten. Haushaltspflichten und Erziehungsaufgaben sollen sowohl von Männern wie auch Frauen getragen werden. Wir finden es bedenklich, dass die Frauenquote in den Verwaltungsräten immer noch sehr tief ist und sind stolz, dass im Bundesrat eine Frauenmehrheit herrscht oder eine Frau als Bundeskanzlerin das Land regiert. Oft sind wir der Ansicht, dass es die Frauen im Vergleich zu anderen Ländern weit gebracht haben und man eigentlich den Westen als Vorbild nehmen sollte. Dieser Standpunkt wird jedoch nicht überall geteilt.

Ein Archäologe, der lange Zeit in Sanaa Ausgrabungen tätigte, berichtete mir, dass die jemenitischen Frauen mit den Europäerinnen Mitleid haben. Es müsse furchtbar sein, in Europa zu leben! Wenn Europäerinnen in die Stadt oder ins Dorf aufbrechen, dann erkenne man sie ja! Alle wissen, wohin man geht und was man vorhat! Bei ihnen sei es viel besser: Dank der Nikab[42] würden sie in der Öffentlichkeit nicht erkannt und könnten darum tun und lassen, was sie wollen. Freunde besuchen, ohne dass die Familie informiert sei oder Einkäufe tätigen, ohne dass jemand etwas davon erfährt. Nachdem das Handy den Frauen noch mehr Freiheit ermöglichte, hätten die

Stammesältesten Familiennikabs einführen wollen. Jede Familie hätte dann ihr typisches Muster. Auf diese Weise hätte man erkannt, welcher Familie eine Frau angehört, wenn man sie auf der Straße oder an einem Ort sieht, wo sie nicht sein sollte. Gottseidank hätten sich die Frauen geweigert, dieser Disziplinarmaßnahme der Männer zu folgen!

Je mehr man in eine fremde Kultur eindringt, desto mehr wird man mit ihren Eigenheiten und Unverständlichkeiten konfrontiert. Die Vorstellung, dass die *eigenen* Werte weltweit obsiegen werden, ist naiv. Jede Kultur, die etwas von sich hält und intakt ist, glaubt an die eigene Überlegenheit. In indischen Zeitungen findet man Abhandlungen über den westlichen Irrtum der Liebesheirat. Aus indischer Sicht ist wissenschaftlich erwiesen, dass die arrangierte Heirat mehr Aussicht auf Erfolg hat.[43] In den meisten Kulturen leben die Geschlechter in getrennten Welten und haben unterschiedliche Aufgaben und Rollen. Männer und Frauen treffen nur bei Familienanlässen aufeinander oder bei sexuellen Kontakten, sonst geht man eigene Wege. Das westliche Modell der gleichberechtigten Verteilung der Rollen und Aufgaben wird nicht als Fortschritt, sondern als eine *Degeneration* angesehen. Wenn Angehörige solcher Kulturen in Europa leben, dann kommt es unweigerlich zu Konflikten.

»Hören Sie sofort auf, in ihrem Unterricht solchen Mist zu erzählen! Außerdem haben Sie eine hübsche kleine Tochter! Wir wissen übrigens, welchen Kindergarten sie besucht!«, bedeuteten die drei jungen Männer dem Lehrer einer dritten Sekundarschulklasse. Er hatte seiner Klasse erzählt, dass es sich bei der freien Partnerwahl um ein Menschenrecht handle. Die Jungen, unter denen sich auch zwei Brüder von Mädchen der Klasse des Lehrers befanden, machten dem Lehrer klar, dass bei ihnen die Familie über die Partnerwahl entscheidet! Sie wollten verhindern, dass ihre Schwester westliche Werte übernimmt. Die westlichen Ideen zu Partnerwahl und Sexualität empfanden sie als abartig. Davon auszugehen, dass allein der interkulturelle Dialog einen Beitrag zu Frieden oder Gewaltlosigkeit leistet, erscheint wenig durchdacht, wenn nicht gar naiv. Kulturunterschiede werden in politischen Sonntagsreden auf dem Niveau von Ferienerlebnissen abgehandelt, statt die besondere Dynamik zu beleuchten und auch die Schwierigkeiten interkultureller Begegnungen anzugehen.

Ein weiteres Ziel vieler Friedenswochen ist das *kritische Hinterfragen der »Gruppenempfindungen.«* Es geht darum, problematische Entwicklungen und Tendenzen des eigenen Landes zu erkennen und Schattenseiten zu diskutieren. Man übt sich in einer kritischen Haltung sich selber gegenüber. Während man sich fremden Kulturen gegenüber öffnen soll, werden die Inhalte der *eigenen* Kultur kritisch durchleuchtet. Gerne orientiert man sich dabei an Themen, die in der Öffentlichkeit abgehandelt werden und als kritische Haltung gelten. In der Schweiz glaubt man selbstverständlich, dass man *auch* Schuld am Ausbruch des Zweiten Weltkrieges habe, Rassismus *auch* bei uns verbreitet sei und Jungen natürlich unter einem falschen Männerbild litten. Solche Themen sind sicher wichtig und müssen diskutiert werden, doch handelt es sich dabei um die Ursachen von Gewalt? Schlägt ein Junge zu, weil er sich mit einem falschen Männerbild identifiziert und in Schwarzen eine minderwertige Rasse sieht? In einer fast demütigen Haltung werden von Politikern oder realitätsfremden Akademikern postulierte Schuldzuweisungen übernommen und zum Problem der eigenen Schule oder Gemeinde erklärt. Den Alltagsrassismus gilt es zu verhindern, die braune Gewalt zu stoppen und Nationalismus einzudämmen. Man geht selbstverständlich davon aus, dass die betreffenden Tendenzen natürlich auch in der eigenen Gemeinde oder Schule verbreitet sind. Wer es abstreitet, entlarvt sich als Ignorant oder wird sogar als Sympathisant des entsprechenden Gedankenguts verdächtigt. Wenn man nicht auf bekannte Vorfälle verweisen kann, wird mit Dunkelziffern argumentiert.[44] Oft wird dann mit staatlichen Geldern eine Woche gegen Rassismus, Nationalismus oder Machismus organisiert, *ohne* abzuklären, ob die Gemeinde oder Schule *wirklich* mit dem entsprechenden Problem konfrontiert ist. Während der Friedenswoche kann man dann mutig gegen Gewalt und Rassismus Stellung nehmen und hat damit vor allem sich selber gegenüber bewiesen, dass man etwas getan hat. Allzu oft hat man jedoch vor seinen eigenen problematischen Themen die Augen verschlossen.

Kulturen, Nationen und menschliche Gemeinschaften zeichnen sich durch gemeinsame Kulturinhalte, politische Haltungen und Lebensstile aus. Die Angehörigen einer Kultur bestätigen sich emotional als Gemeinschaft durch die Hinwendung zu ihren Geschichten, Mythen und Werten. Wenn sich die Bewohner mit ihrer Kultur identifizieren, dann sind sie überzeugt von sich selber und grenzen sich von anderen Werten ab. Jede Kultur, Nation oder menschliche Gemeinschaft vertritt darum auch Lebensinhalte, die sie verteidigt und über die sich *nicht* diskutieren lässt. Gewalt wird nicht verhindert, indem wir scheinbar kritische Parolen formulieren, sondern überlegen, welche Werte und Lebensinhalte wir *selber* vertreten und für was wir einstehen würden.

Ein weiterer psychologischer Irrtum der Gewaltprävention ist die Vorstellung, dass *Empathie* zu mehr Frieden und Gewaltlosigkeit führen wird. Wenn man lernen würde, sich in einen anderen Menschen einzufühlen, ihn von *innen* heraus zu verstehen, dann gäbe es *weniger* Grund, auf ihn oder sie aggressiv zu sein. Wir stellen uns vor, dass sich aufgrund unserer Empathie unser Verständnis für die andere Kultur oder andere Menschen erhöht. Dank der Empathie würden wir toleranter und damit sinke die Wahrscheinlichkeit, dass wir anderen Menschen gegenüber feindlich eingestellt sind. Empathie soll durch Leitsprüche gefördert und in Rollenspielen geübt werden. Täter sollen sich in die Opfer einfühlen, Männer die Welt aus Frauenperspektive sehen und Angehörige verschiedener Kulturen sollen sich näher kommen.

Empathie ist sehr wohl in ruhigen, unproblematischen Begegnungen möglich, solang kein eigener Komplex berührt wird. Sobald wir jedoch *persönlich* betroffen sind oder es sich um ein *existentielles Anliegen* handelt, hört es mit unserer Empathie auf. Kaum jemand ist mit einen Sexualverbrecher empathisch oder einem Jungen, der soeben einen älteren Mann krankenhausreif geschlagen hat. Unsere Komplexe begrenzen unser Empathievermögen. Wenn wir unter einem Minderwertigkeitskomplex leiden, fühlen wir uns verletzt, wenn uns jemand missachtet. Wenn wir aufgrund einer bewältigten Krise überzeugt sind, dass man Probleme selber bewältigen muss, dann haben wir kein Verständnis für einen Menschen, der die äußeren Umstände für die eigene Misere verantwortlich macht. Gewalt entsteht meistens in Situationen, in denen wir an unsere Grenzen kommen und uns existentiell herausgefordert fühlen. Wenn wir Gewalt *wirklich* verhindern wollen, dann müssen wir diese Ungereimtheiten zum Thema machen. Wir müssten uns mit jenen Themen befassen, bei denen wir vor Wut kochen oder glauben, *total* im Recht zu sein. Empathietrainings gehen von einer verengten soziologischen Perspektive aus und übersehen, dass wir alle in unserer Psychologie gefangen sind und Verhaltenstrainings unsere eigenen Grenzen nicht aufsprengen. Eine tiefenpsychologische Analyse der Motive und Komplexe ist notwendig, um unsere eigenen Beschränktheiten und unser je persönliches Gewaltpotential aufzudecken.

Wie wir Empathie einsetzen, hängt von unserer *grundlegenden* Einstellung ab. Je nach Situation und Befindlichkeit verhalten wir uns empathisch oder nicht. Nach meiner Erfahrung können viele Gewalttäter die Perspektiven anderer übernehmen und sich verständnisvoll verhalten, bis sie durch den

Konfliktzustand oder eine Komplexreaktion ihr Verständnis verlieren. »Deine Mutter!« genügt bei vielen jungen Männern, und sie sehen nur noch rot. Sie glauben, ihre Ehre sei bedroht und man beschimpfe die Familie. Sie reagieren aus einem Familienkomplex heraus. Zwei Sekunden vorher verhielt sich der Betreffende vielleicht noch zugänglich und tolerant. Empathie ist nicht das Wundermittel gegen Gewalt.

Die meisten Gewaltpräventionsprogramme und Friedenswochen sind auf die Verhinderung von *offener Gewalt* ausgerichtet.[45] Dem Schläger auf dem Pausenplatz soll Einhalt geboten und Kämpfe im Korridor sollen verhindert werden. In Trainingseinheiten oder Rollenspielen wird geübt, wie man den Schläger beruhigt, den Täter wehrlos macht und sich wieder versöhnt. Auf den ersten Blick überzeugen solche Übungen. Das Problem ist jedoch: sie widerspiegeln nicht die Realität der schulischen Aggressionen. Solche Programme beruhen auf Gewaltklischees, wie sie angeblich an Schulen herrsche. Nicht offene Gewalt ist das Hauptproblem, sondern die *versteckten Aggressionen*. Dies ist auch nachvollziehbar: Bei den Schulen handelt es sich um Institutionen, in denen Codes und Regeln gelten. Die Schüler und Schülerinnen haben sich Normen anzupassen, die das Lehrerkollegium, die Schulleitung und auch die Mehrzahl der Mitschüler vertreten. Gewalt einzusetzen wird nicht akzeptiert. Wer trotzdem die Faust einsetzt, eine Mitschülerin an den Haaren zerrt oder zu Boden schlägt, setzt sich ins Unrecht. Er oder sie riskiert eine Strafe oder den definitiven Ausschluss. Im Gegensatz zum öffentlichen Raum haben notorische Täter im schulischen Rahmen *keine* Aussicht auf eine lange Karriere. Die Reaktionen seitens Lehrerschaft und Mitschüler sind eindeutig. Die eigentliche Herausforderung der Schulen sind darum die *versteckten Aggressionen*.[46] Diese können nicht an einem dramatischen Ereignis festgehalten werden und meistens ist auch die Täterschaft unklar. Die Mittel, die man bei den versteckten Aggressionen einsetzen kann, sind vielfältig. Man operiert mit Unterstellungen, verbalen Gemeinheiten, grenzt eine Mitschülerin unter einem Vorwand aus oder zerstört ihren Ruf, indem man Gerüchte über sie in Umlauf setzt. »Muss man den Aufsatz selber schreiben, oder dürfen wir ihn abschreiben?«, fragen zwei Mädchen unschuldig ihre Lehrerin. »Natürlich dürft ihr den Aufsatz nicht abschreiben! Ihr müsst ihn selber schreiben!«, entgegnet die Lehrerin empört. »Eben, das haben wir Karin auch gesagt!«, antworten die beiden Mädchen und haben damit erfolgreich eine Mitschülerin angeschwärzt, während sie sich selber in gutem Licht darstellten.

Auch Lehrer können gegenüber Schülern aggressiv oder gemein sein. Natürlich sind sie es heutzutage nicht offen, sondern es werden subtilere Mittel eingesetzt: Pathologisierung, Unterstellungen oder fiese Bemerkungen. »Du meinst wirklich, dass es für dich lohnt, die Aufnahmeprüfung zu probieren?«, fragt eine Lehrerin einen Schüler und schaut lachend an ihm vorbei. Der Schüler hat die Botschaft verstanden und verzichtet auf seinen Plan. Lehrer haben den Vorteil, dass ihre Aktionen weniger in Zweifel gezogen werden. Und nochmals: Natürlich intrigieren, mobben oder schikanieren Lehrer nicht bewusst. Dies würde ihrem pädagogischen Ethos widersprechen und einen moralischen Konflikt auslösen. Ihr Selbstbild wäre bedroht. Die eigenen Aggressionen oder Frustrationen werden sogar oft unter dem Deckmantel scheinbar wohlgemeinter pädagogischer Interventionen oder Ratschläge abreagiert.[47]

Wenn in Friedenswochen und -programmen die Aggressionen von Lehrern nicht *auch* angesprochen werden, dann sind sie wenig glaubhaft. Das Thema Gewalt wird *einseitig* an den Schülerinnen und Schülern abgehandelt. Es handelt sich um einen Etikettenschwindel. Im Namen der Gewaltprävention werden Disziplinierungsprogramme durchgeführt. Schüler und Schülerinnen müssen sich zudem mit Szenarien auseinandersetzen, die auf sie projiziert werden. Die Schule, involvierte Politiker und Gewaltexperten rühmen sich dann, etwas gegen Gewalt getan zu haben. Die Schüler kooperieren oft gerne und geben positive Rückmeldungen: Schließlich sind solche Programme eine Abwechslung und besser als mathematische Formeln auswendig zu lernen, Französisch zu büffeln oder Prüfungen schreiben zu müssen. Die eigentlichen Probleme der Schüler und Schülerinnen werden jedoch nicht ernst genommen. Aus Sicht der Gewaltprävention handelt es sich um Betrug und krasse Missachtung der Anliegen der Schüler und Schülerinnen. Im Klartext gesprochen: Nicht selten opfern die Kinder und Jugendlichen ihre Zeit für die Profilierungswünsche von Erwachsenen.

Statt sich vertieft mit dem Thema Gewalt auseinanderzusetzen und zu überlegen, wie Gewalt *effektiv* verhindert werden kann, wird mit *moralischen Kriterien* und weiteren Bildungsinhalten operiert. Gegen Gewalt zu sein, wird als moralisch überlegene Haltung präsentiert und jeder, der anders argumentiert, als potentieller Kriegsbefürworter betrachtet. Man ist für Dialog, Diplomatie und das Gespräch. Wer auch nur in Gedanken mit dem Einsatz von Gewalt spielt, hat seine moralische Autorität verspielt. Gewalt gehört verboten! Wenn »mutig« gefordert wird, dass man sich auch dann von Gewalt distanziert, wird dieses Dilemma ausgeblendet. Vielleicht macht man sich die Hände schmutzig.

Solche im Grunde wachsweichen Haltungen und Kampagnen verkennen die Realitäten unseres Daseins. Sie berücksichtigen die Psychologie des Menschen nicht. Eine Konstante der Zivilisationen ist, dass Menschen immer wieder an sich selber scheitern und der Wunsch nach Frieden nicht genügt, um Gewalt und Kriege zu verhindern. Frieden entsteht nicht nur durch gewaltlose Kommunikation, Empathietrainings oder Friedenspfähle, sondern entscheidend ist immer auch die Machtbalance, die Abschreckung, sind die Gewalteinsätze oder die Androhung von Gewalt. Die Geschichte zeigt uns, dass es immer wieder Situationen gab, in denen man zu den Waffen greifen musste. Der Nationalsozialismus wurde nicht mit schönen Worten besiegt, sondern es brauchte die Bereitschaft der Amerikaner und Engländer zu kämpfen und Opfer auf sich zu nehmen. Die Japaner waren auch nach Hiroshima nicht bereit zu kapitulieren.[48]

Wir werden mit Situationen konfrontiert, in denen wir zwischen Gewalt und Aufgabe entscheiden müssen. Sollen wir resignieren oder uns für unsere Werte einsetzen? Das Gleiche gilt für Jugendgewalt. Die Pausenaufsicht, die bereit ist, Präsenz zu zeigen und bei Vorfällen einzugreifen, verhindert Gewalt. Die Sprüche an den Wänden genügen nicht. Gewalt ist auch nicht primär ein Problem der bewussten Haltung. Die Schüler rennen nicht in den Gängen herum und denken: cool, jetzt schlage ich einen Mitschüler zusammen, sondern sie werden durch äußere Anlässe oder innere Probleme aufgeregt und aggressiv. Wenn sie gewalttätig werden, dann haben sie das Gefühl, dass sie sich gegen einen gemeinen Mitschüler zur Wehr gesetzt haben oder weil sie sich Respekt verschaffen wollten. Bei Konflikten sind wir selbst befangen und agieren aus einer eingeschränkten Weltsicht. Wir benötigen Hilfe von außen. Jugendliche zügeln sich, wenn sich ihnen eine *Gegenmacht* entgegenstellt – und selten nur aus Einsicht. *Machtinstanzen* verhindern, dass latente Aggressionen in nackte Gewalt umschlagen und achten darauf, dass die Codes in öffentlichen oder halböffentlichen Räumen ernstgenommen werden. Wenn ein Vakuum entsteht, wird der entsprechende Raum von anderen Personen in Beschlag genommen. Autonome Jugendzentren bleiben darum meistens nur während der Eröffnungseuphorie gewaltfrei, sobald der reguläre Betrieb beginnt, sind Jugendarbeiter und die Polizei mit der leidigen Frage konfrontiert, wie man den Raum gewaltfrei halten kann. Frieden ist davon abhängig, ob man bereit ist, sich notfalls mit Gewalt für die Erhaltung der Ordnung einzusetzen. Die Durchsetzung von Macht mit Gewaltmitteln ist darum nicht *generell* schlecht, sondern entscheidend ist die Funktion, die sie erfüllt und die ethische Haltung, auf die sie sich stützt. Die Gewalt, die bei der Verhaftung eines Sexualmörders eingesetzt wird, ist nicht vergleichbar mit den Drohungen eines Gangsters in Palermo oder dem Schuss aus der Pistole eines Drogendealers in Cuidad Juarez. Das große Dilemma und die schwierige Frage, der man sich immer wieder stellen muss, ist: *wann* muss ich Gewalt einsetzen und notfalls zu einer Waffe greifen. Solche Entscheidungen fordern uns. Gebe ich auf? Opfere ich mich? Soll man einem Räuber die Brieftasche aushändigen, ihm das Handy übergeben und die Pinnummer verraten oder soll man sich wehren? Diesen entscheidenden Fragen wird ausgewichen, wenn wir einen generellen Gewaltverzicht fordern. Absolute Gewaltlosigkeit gibt es nicht. Paradoxerweise droht Gewalt zu eskalieren und ist der Frieden bedroht, wenn wir uns um die Frage der Notwendigkeit von Gewalt drücken.

Um effektive Gewaltprävention zu betreiben, müssen wir zuerst das Milieu, die involvierten Personen, die Rahmenbedingungen und die Geschichte der Schule studieren. Konflikte entstehen aus vielen verschiedenen Gründen. Welche Komponenten zu Gewalt führen, ist von Schule zu Schule, Gemeinde zu Gemeinde oder Stadtviertel zu Stadtviertel verschieden. Jeder Vorfall entsteht aus einer spezifischen Geschichte und hat seine bestimmten Ursachen. In einer Schule könnten die latenten Spannungen zwischen Einheimischen und Ausländern ausarten, in einer anderen drohen Banden die Vorherrschaft zu übernehmen, und in einer dritten gibt es Probleme zwischen Lehrern und Schülern. Bevor man präventive Maßnahmen beschließt oder gar Programme durchführt, gilt es eine genaue *Konfliktdiagnose* zu erstellen. Man muss sich einen Überblick über die Dynamik unter den Jugendlichen verschaffen, sich informieren über die strukturellen Bedingungen der Schule oder Gemeinde und problematische Ereignisse. Es gilt auch, die subjektiven Eindrücke, Einschätzungen und Vermutungen der Jugendlichen, Lehrer und Fachbetreuer vor Ort zu sammeln. Wie schätzen sie die Lage ein? Gibt es aus ihrer Sicht Jugendliche, die sich problematisch verhalten oder wenig integriert sind? Waren sie selber in Gewaltszenen verwickelt? Tabus müssen hinterfragt werden. Worüber munkelt man unter der Lehrer- und Schülerschaft? Wie schätzen Eltern oder die Polizei eine Situation ein? Die Konfliktdiagnose kann mit Hilfe von Einzel- oder Klasseninterviews und mit Fragebögen erstellt werden. Es geht nicht primär um Tatbestände und Schuldige, sondern darum, sich ein Bild von der Schule, den Jugendlichen, der Lehrerschaft zu machen und auffällige Jugendliche zu erkennen. Zur Konfliktdiagnose gehört auch die Einschätzung der Qualität des Lehrerkollegiums oder der Arbeit des Jugendamts. Funktioniert die Teamarbeit? Handelt es sich um ein Team, bei dem Harmoniezwang herrscht, so dass heikle Themen umschifft werden, oder dominiert ein Zynismus? Man hat schon alles gemacht und probiert, nichts hat etwas gebracht. Die Konfliktdiagnose ist die Grundlage etwaiger Präventionsmaßnahmen. Zur Konfliktdiagnose gehört eine Einschätzung der Ressourcen der Schule und Gemeinde. Wer kann sich vor Ort effektiv um Gewaltprävention kümmern? Gibt es einzelne Lehrer oder Fachleute, die aufgrund ihrer Persönlichkeit und professionellen Kompetenzen fähig sind, Präventionsmaßnahmen durchzuführen?

Teil der Konfliktdiagnose ist die *Prognose*. Kann Gewalt eingedämmt werden? sind Vorfälle wahrscheinlich? Aufgrund der Konfliktdiagnose kann die Frage beantwortet werden, ob Präventionsprojekte überhaupt notwendig sind. Sie sind kostspielig und brauchen viel Zeit und Energie. Oft stellt sich aufgrund der Konfliktdiagnose heraus, dass *keine* besonderen

Maßnahmen notwendig sind. Latente Konflikte können mit internen Mitteln angegangen werden. Es kann jedoch auch sein, dass deutliche Anzeichen einer möglichen Eskalation erkennbar sind; Mobbing, ethnische Spannungen, Rassismus oder problematisierte Gruppen. Ist dies der Fall, muss natürlich etwas unternommen werden. Aufgrund der Konfliktdiagnose kann entschieden werden, *welche* Präventionsmaßnahme sinnvoll ist. Soll mit einzelnen Jugendlichen gearbeitet werden? Muss an der schulinternen Kultur gearbeitet werden? Dank der Konfliktdiagnose werden keine Themen in die Schule hineingetragen, die die Schüler nicht beschäftigen, sondern die Schüler werden dort abgeholt, wo sie sind. Oft sind auch strukturelle Maßnahmen angebracht oder es gilt, auf der Lehrer- oder Elternebene anzusetzen.

Wichtig bei der Konfliktdiagnose ist, dass man nicht nur das Verhalten der Jugendlichen analysiert, sondern *alle* Beteiligten mit einbezieht. Es muss sich um eine 360 Grad Analyse handeln. Will man *effektive* Gewaltprävention betreiben, dann muss auch der Anteil der Erwachsenen, der Eltern und Lehrer mitbedacht werden. Lehrer haben vielleicht das Gefühl, dass sie ihr Bestes geben und bei den Eltern auf Unverständnis stoßen, während die Eltern glauben, bei den Lehrern Unterlassungen festzustellen.

5. Junge Männer brauchen wirkliche Herausforderungen
Die fatale Folge fehlender Initiationsrituale

>*»Der Berg, auf dem Luzifer sein Hauptquartier
>errichtete, war der Berg der Erkenntnis.«*
>Erasmus: Lob der Torheit

Es war Blödsinn, unverständlich und für die Eltern grauenhaft. Kannte ihr Sohn die Gefahren? Er galt doch als intelligent und bedacht? Ihr siebzehnjähriger Sohn kletterte einen Masten empor, an dem die Fahrleitung der Eisenbahn hing. Um sich die Wartezeit zu verkürzen oder seine Freunde zu beeindrucken, versuchte er, über die Fahrleitungen die Gleise zu überqueren. Er berührte bei dieser hochgefährlichen Aktion eine Bahnstrom-Oberleitung und verbrannte fürchterlich.

Meldungen von solch unsinnigen Unternehmungen junger Männer tauchen fast wöchentlich in den Medien auf. Immer wieder setzen sie sich ohne ersichtlichen Grund und nachvollziehbare Motive unnötigen Gefahren aus, riskieren ihr Leben oder zerstören ihre Reputation. Oft handelt es sich um Delikte. Sie klauen Autos, betrinken sich sinnlos oder zetteln aus purem Blödsinn eine Schlägerei an. Was treibt junge Männer dazu, Dinge zu tun, vor denen man sie warnte, die tabuisiert oder verboten sind?

Jede Altersphase hat ihre typischen Themen und Herausforderungen. So auch die Adoleszenz. In der Altersphase zwischen fünfzehn und fünfundzwanzig befindet sich der junge Mensch in einer *besonderen* Situation. Er bewegt sich in einer *Zwischenwelt*, lebt in einer Übergangsphase.[49] Tagesablauf und wirtschaftliche Situation der meisten jungen Männer ändern sich mit fünfzehn oder sechzehn nicht. Sie leben immer noch bei den Eltern, bekommen Taschengeld, und Mami kümmert sich um die Wäsche. Diese Lebenssituation steht im Gegensatz zu den *mentalen Ausrichtungen* und den *Interessen* der jungen Menschen. Innerlich beginnt sich der junge Mensch von der familiären Welt zu lösen und nach *neuen Themen* und *Herausforderungen* Ausschau zu halten. Der Fokus verschiebt sich auf die Außenwelt. Was *draußen* geschieht und auf sie wartet, wird interessant. So sind dann auch die Zimmer der jungen Männer voll von Bildern von Gangsta-Rappers, Autos oder fernen Ländern. Sie träumen von einer Reise nach Australien, der Champions League oder zählen die Tage, wo sie endlich, endlich zur Führerscheinprüfung zugelassen werden. Die Hinwendung zur Außenwelt zeigt sich in ihren Fantasien. Sie stellen sich vor, dass sie mal als Band einen Super-Hit auf Youtube landen, durch eine Erfindung megareich werden oder wenigstens eine coole Party organisieren. Die jungen Männer und Frauen erweitern ihren mentalen Lebensraum und beginnen die Umgebung nach *existentiellen Herausforderungen* abzutasten. Junge Männer möchten gefordert werden, Gefahren meistern und etwas erleben. Sie wollen nicht mehr von Mama umsorgt werden oder vom Geldbeutel der Eltern abhängig sein, sondern selber die Welt gestalten oder einen Heldenmythos ausleben. Die Schule hat nicht mehr die gleiche Bedeutung wie ein paar Jahre zuvor. Während die Jungen sie vorher als spannenden Erlebnisraum erlebten, verwandelt sie sich nun zu einem Gefängnis. »We gotta get out of here!«[50] grölten wir selber in den Siebzigerjahren als schmächtige Teenager in der Garderobe der Turnhalle, während wir uns eiligst umzogen, um wirklich in zehn Minuten wieder im Klassenzimmer zu sein. In dieser Altersphase drängt sich bei vielen Jungen das Gefühl auf, sie würden beschäftigt, damit sie sich aus der Sicht der Alten nicht »Dümmerem« zuwenden: Computerspielen, Chillen, Herumhängen, Partys. In dieser prä-adoleszenten Phase entwickeln viele junge Männer auch grandiose Fantasien und träumen von ihrem Mega-Einsatz.[51] »Heute gibt es ja nicht mal mehr den Heldentot!«, raunte mir ein junger Mann spaßeshalber zu, als ich ihn fragte, welche Lebenspläne er habe. Es sehnte ihn danach, *wirkliche* Probleme lösen zu müssen und nicht wegen fehlender Hausaufgaben nachsitzen zu müssen.

Typisch für diese Lebensphase ist auch, dass die Gleichaltrigen zur normgebenden Instanz werden. Was in der Gleichaltrigengruppe geschieht, ist wichtig. Kleidung, Sprachjargon, Bewegung und Interessen werden nach den Peers ausgerichtet. Die Gleichaltrigengruppen entwickeln einen großen Einfluss auf das Denken und die Haltungen der Jugendlichen. Eltern und Lehrer werden zu Randfiguren. Es wird für sie schwierig, auf die Jugendlichen einzuwirken. Sie leben in ihrer eigenen Welt, von der sie die Erwachsenen ausschließen, gleichzeitig jedoch das Erwachsensein proben.[52]

Als Antwort auf das Bedürfnis nach Angliederung an die Erwachsenenwelt haben sich in vielen Gesellschaften *Initiationsakte* entwickelt.[53] Die Entlassung aus der Jugendzeit wurde durch eine spezielle Zeremonie, an der die erwachsenen Bezugspersonen teilzunehmen hatten, markiert. In Fidschi musste der Initiant zwischen zwei vermeintlichen Leichnamen durchgehen, die von Kopf bis Fuß schwarz gefärbt waren und bei denen die inneren Organe heraushingen, in Wirklichkeit Innereien von Tieren.[54] Der Eintritt in das erwachsene Christsein wird bei den Katholiken durch die Firmung und bei den Protestanten durch die Konfirmation gefeiert. Früher durften die Jungen in der Schweiz erst mit der Konfirmation lange Hosen tragen und zur Kirchweih gehen. In den Vereinigten Staaten markiert der Abschlussball das Ende der Jugend. Nach einem fulminanten Fest, Tränen, vielen Fotos und Filmen zieht man von den Eltern weg, um in einem fernen College zu studieren, zu trinken und sexuelle Erfahrungen zu sammeln. Solche Rituale signalisieren, dass nun eine neue Lebensphase beginnt und die Gemeinschaft anerkennt, dass der oder die Betreffende nun *wirklich* als gleichwertiges Mitglied angesehen wird.[55] Bei den Initiationsakten handelt es sich um einen *Beglaubigungsakt*, durch den die Erwachsenen einen Teil ihres Bestimmungsrechtes und ihrer Macht abgeben. Der junge Mann oder die junge Frau beginnt ein neues Lebensstadium mit anderen Herausforderungen, Verantwortungen und mit der offiziellen Bestätigung, dass er das Leben auch mit gestalten darf.

Für die Initiation muss sich der Initiant oft besonderen Prüfungen unterziehen. Er muss Ängste überwinden, Tabus brechen, wird neu gekleidet und verändert sein Äußeres. Er muss seine Tapferkeit beweisen. Es herrscht Aufregung und dem Initiant wird durch die Gemeinschaft Beachtung geschenkt. Bei der *Bar Mitzwa* müssen das Mädchen oder der Junge der Gemeinde einen Tora-Abschnitt vorlesen, bei den Omaha-Indianern hatte der Initiant ein paar Nächte auf speziellen Hügeln zu verbringen, wo er auf Träume warten musste.[56] Initiationsrituale wurden von der Gemeinschaft angeboten, um den jungen Menschen ins Erwachsenenalter zu entlassen, jedoch *auch*, um zu garantieren, dass die Erwachsenen loslassen. Der bestandene Test, die öffentliche Anerkennung machten allen deutlich, dass nicht mehr die Mutter oder die Ausbilder das Sagen haben, sondern der Junge nun selbstständig ist. Er darf zu einem Drink eingeladen werden.

Initiationen werden oft durch *individuelle Krisen* begleitet. Der Initiant ist noch nicht bereit oder sich der Bedeutung des Aktes bewusst. Er oder sie möchte die aktuelle Lebensphase verlängern und hat Angst vor Neuem. Wieso soll ich von zuhause weg, wenn doch dort für mich gesorgt wird?[57] Dem Übergang begegnet man ambivalent. Die Initianten schwanken zwischen Progression und Regression. Sie möchten eigentlich weiter von den zukünftigen Möglichkeiten träumen, doch gleichzeitig genießen sie auch die Vorteile der Abhängigkeit. Man schätzt das Essen, die Sicherheit, die Umsorgung und genießt das Leben im Provisorium. Der initiatorische Akt dient dazu, den jungen Menschen aus seiner Ambivalenz herauszureißen. Es drängt ihn zwar ins Leben dort draußen, doch er muss auch ein wenig gestoßen werden.

Offizielle Initiationsakte wurden in Mitteleuropa weitgehend abgeschafft. Die Übergänge zur *Selbstbestimmung* der jungen Menschen sind *fließend*. Schon der Übertritt vom Kindergarten in die Grundschule soll nicht mehr abrupt erfolgen, sondern im Rahmen der Grundstufe wird man langsam und unter Obhut der Erwachsenen in die Schule eingeführt.[58] Die Aufnahme in eine weiterführende Schule oder das Gymnasium hängt nicht von Prüfungen ab, sondern vom Eindruck und den Bewertungen der Grundschullehrer. Sie geben ihre Empfehlungen. Der junge Mensch muss sich nicht in einem *außerschulischen* Territorium beweisen, sondern das Verhalten und die Arbeitsmotivation während der Schulzeit sind entscheidend. »Wissen Sie, von der Intelligenz her gesehen handelt es sich bei Ihrem Sohn klar um einen Gymnasiasten, doch leider hapert es bei der Arbeitshaltung! Ich kann ihn darum nicht für das Gymnasium empfehlen!«, erklärt eine Lehrerin einem verdutzten Vater. Er hatte seinen Sohnemann immer als geistig interessiert, vif und auch ein wenig ehrgeizig erlebt. Unter dem Begriff *Social Skills* wird der Grad der *Anpassung* zum Kriterium der Erlaubnis zum Übertritt in die nächste Schulstufe. Aus der Sicht der Psychologie eine problematische Beurteilung, weil sich Übertritte oder Initiationen durch Unruhe, Unzufriedenheit und ›blöd tun‹ anzeigen. Es handelt sich um unbewusste Vorbereitungs- und Ablösungshandlungen. Eigentlich sollten nicht die angepassten Schüler und Schülerinnen eine Empfehlung erhalten, sondern jene, die stören. Die Idee der fließenden Übergänge setzt sich fort. Das

Abitur ist heute keine Garantie mehr, dass man wirklich das entsprechende Fach studieren kann, sondern zuerst gilt es noch, diverse Prüfungen zu absolvieren, bis man ins Thema einsteigen darf. An Universitäten muss man sich zuerst den Bachelor durch das Sammeln von ECTS-Punkten verdienen.

Sobald solche Weiterbildungen eine *unabdingbare* Voraussetzung für die entsprechende Position sind, wird der Moment der vollverantwortlichen Übernahme hinausgeschoben. Im Zeichen des lebenslangen Lernens werden zusätzliche Anpassungsleistungen gefordert. Es heißt, Weiterbildung sei immer sinnvoll, steigere die Kompetenzen und komme letztlich allen zugute. Aber Weiterbildungsprogramme können auch ewige Warteschleifen sein.

Die Verlängerung des infantilen Zustands

Gegen Weiterbildung ist nichts einzuwenden. Aus der Sicht der Jungen wird jedoch der Moment, wo man *wirklich* ins Leben einsteigt, in die Unendlichkeit hinausgezögert. Bei Problemen und Herausforderungen in der Arbeitspraxis werden von den Institutionen Lösungen erwartet. Die Weiterbildung ersetzt das mühsame Ringen nach eigenen Antworten. Der existentielle Kick bleibt aus. Man verharrt in einem infantilen Zustand und wartet, bis scheinbar gescheitere Menschen einem sagen, was man zu tun hat. Die Ausweitung des Einflusses der Ausbildungsinstitutionen hat zur Folge, dass die Abnabelung für die jungen Menschen schwieriger wird. Trotz eines Diploms oder Abschlusszeugnisses sind sie ihre Ausbilder nicht los, sondern müssen sich weiterhin mit ihnen auseinandersetzen und sich ihnen anpassen. Die Initiation ins Berufsfeld wird aufgeschoben, die Kreativität und Risikofreude junger Menschen nicht genutzt, während in der Öffentlichkeit weiterhin das hohe Lied der Weiterbildung gesungen wird.

Die Suche nach Abenteuern

Das britische Weltreich entstand gegen Ende des 18. Jahrhunderts. Die kleine Insel Albion begann ihren Einfluss auf die Küsten Afrikas, die Karibik, den nahen Osten und Indien auszudehnen. Handelsgesellschaften wurden im fernen Kalkutta gegründet und die Spanier bei ihren Atlantiküberfahrten ausgeraubt. Obwohl natürlich die Idee eines weltumspannenden Reiches aus heutiger Sicht sehr problematisch ist, war die Leistung der Seefahrernation außergewöhnlich. Sie erforderte Mut, Intelligenz, strategisches Denken und Durchhaltewille. Das Empire wurde vor allem dank des Einsatzes von Hunderten kleinerer und größerer Boote der Royal Navy stabilisiert. Tausende von Kapitänen, Matrosen, Marine-Soldaten und Schiffsjungen segelten mit ihren lausigen Schonern über die Weltmeere auf der Suche nach Handelsrouten, neuen Ländern oder einem Spanier, dem man die Beute aus einer südamerikanischen Kolonie abnehmen konnte. Weniger bekannt ist das Alter der Kapitäne auf diesen Booten: Viele waren kaum fünfzehn Jahre alt! In der Regel trat man mit 12 Jahren in die Navy ein, arbeitete sich hoch, um dann mit höchstens 20 oder vielleicht 22 ein Schiff zu übernehmen. Dreißigjährige galten bei der Royal Navy schon als ziemlich alt. Das Empire wurde also auf dem Wagemut, den Unverschämtheiten, doch auch der Weitsicht und Vorsicht einer Altersgruppe aufgebaut, die bei uns heute die Schulbank drückt und aus unserer Sicht noch lange nicht bereit ist, Verantwortung zu übernehmen.

Nun kann man natürlich einwenden, dass der Vergleich unstatthaft sei. Eine Abenteuerreise nach Ghana oder Jamaika ist nicht zu vergleichen mit aktuellen beruflichen Herausforderungen. Wenn man jedoch das Aufgabenfeld, die Pflichten und Probleme, die man als Kapitän zu meistern hatte, genauer studiert, dann merkt man rasch, dass sie größere Herausforderungen zu bestehen hatten als wir heute in den allermeisten

Berufsfeldern. Um eine meist multinational zusammengesetzte Schiffsmannschaft zu führen, brauchte es großes psychologisches Verständnis und Geschick, Führungskompetenz war ebenso gefordert wie Kommunikationsvermögen, Entscheidungsfähigkeit und Reife. Darüberhinaus brauchte es viele praktische Fähigkeiten, um als Kapitän zu bestehen. Nicht nur in der Navigation musste man sich auskennen, sondern Kenntnisse über das Wetter, das Boot, die Segel und Wasserströmungen waren unbedingt überlebensnotwendig, und natürlich musste man auch ein guter Facility Manager sein. Kapitäne mussten auch über ein fundiertes strategisches und militärisches Wissen verfügen.[59] Nach heutigen Standards würde man über 100, bis man alle notwendigen Diplome und Zertifikate erworben hätte.

Blickt man in die Geschichte, dann ist man erstaunt, in welch jungen Jahren bereits Machtpositionen oder Verantwortung im Allgemeinen übernommen wurden. Karl der Große wurde mit 20 Jahren zum König des Fränkischen Reiches gekrönt,[60] Ludwig VII. wurde mit 17 Jahren König von Frankreich,[61] Napoleon Bonaparte wurde nach seinen erfolgreichen Feldzügen in Ägypten mit 30 zum ersten Konsul der französischen Republik ernannt und Friederich Nietzsche wurde bereits im Alter von 24 Jahren Professor für klassische Philologie. Als Napoleon nach Elba verbannt wurde, war er gerade mal 46 Jahre alt!

Die Antwort, die unsere Gesellschaft gibt, ist eindeutig. Während viele junge Männer danach dürsten, mit *wirklichen* Herausforderungen konfrontiert zu werden, eine Position zu übernehmen, richtiges Geld zu verdienen, Risiken einzugehen um vielleicht auch scheitern zu können, müssen sie *stillhalten*. Sie werden in einen Warteraum verbannt. Man lässt sie auflaufen. Es gilt, weiterhin die Schulbank zu drücken, den Alten zuzuhören und zu hören, dass man halt noch zu jung und unerfahren, nicht ausgebildet und damit nicht genügend kompetent sei, um eine selbständige Position zu übernehmen. Aus ihrer Sicht dauert es ewig, bis sie effektiv ins Berufsleben integriert werden.

Außerschulische Szenen sind wichtig

Für viele junge Männer ist dies kein Problem. Sie fügen sich dem System, sehen den Wert der Bildung ein, besuchen Kurse, sammeln Zertifikate und Ausbildungspunkte. Aufgrund einer starken Ich-Kontrolle und der Fähigkeit zur Weitsicht können sie ihre Fantasien und Wünsche zurückstecken und die Weiterbildungen absolvieren, auch wenn sie den Eindruck haben, die Zeit zu vertrödeln. Oft sind sie bereit, sich den Ausbildungsanforderungen zu fügen, weil sie neben der Schule oder der Weiterbildung ein *alternatives Profilierungsfeld* entdeckt haben. Den Kick suchen sie sich im Fußball, bei der Organisation von Partys, beim Drehen von Filmen oder in der Musik. Die Aus- oder Weiterbildung wird zu einer Nebenszene. Bei außerschulischen Themen und Gebieten haben sie jedoch das Gefühl, dass sie sich verwirklichen und die Welt erobern können. Nicht alle jungen Menschen können sich auf diese Weise mit der Gesellschaft arrangieren. Eine große Gruppe junger Männer empfindet diesen Weg als ›pseudo‹ oder das ganze System »Scheiße«. Sie können sich *nicht* arrangieren, sondern drängen auf den *wirklichen* Kick und echten Einfluss. Sie wollen Geld verdienen und sich als Gegenfigur in die Gesellschaft einbringen. In einem Keller Lärm zu machen oder sich an einer Party gelegentlich volllaufen zu lassen, genügt nicht. Das psycho-soziale Moratorium, das ihnen die Gesellschaft auferlegt, empfinden sie als Horror. Wann kommt endlich mein Auftritt?

Der Antagonismus zwischen jung und alt

Normen und Rollenverteilungen stehen immer auch in Zusammenhang mit der *demographischen* Struktur einer Gesellschaft. Eine Kultur, in der die Hälfte der Bevölkerung unter zwanzig ist und in ärmlichen Verhältnissen dahinvegetiert, hat andere Themen und Sorgen als Wohlstandsgesellschaften mit einem ausgebauten Sozialsystem, wo lediglich ein Fünftel der Bevölkerung jünger als zwanzig ist. Wenn die Jungen dominieren, herrscht ein anderer Groof als dort, wo die über Dreißigjährigen das Sagen haben. Ein Phänomen westlicher Gesellschaften und auch Japans ist die *Überalterung*. Die Jungen sind klar in der Minderzahl, in der Schweiz unter 21 % und in Deutschland sogar unter 18 %. Obwohl wir es vielleicht bewusst abstreiten, solche Altersstrukturen *haben* einen Einfluss auf Machtverhältnisse. Die ältere *Generation* sitzt an den Hebeln der Macht und kann die Zugangskriterien zu Einfluss und Position definieren. Die Alten wollten nicht abtreten oder erwarten wenigstens, dass die nachfolgende Generation nach ihren Vorstellungen lebt. Dieser Antagonismus zwischen jung und alt ist natürlich und nachvollziehbar. Wer will denn schon freiwillig abtreten, sich ins Altersheim zur ›frohen Aussicht‹ zurückziehen und nur noch Krimis im Fernsehen anschauen? Die Alten hängen am Leben und haben Mühe abzutreten.

Für junge Menschen, die endlich mal Erfolge aufzeigen, Risiken eingehen und vielleicht mal scheitern möchten, ist die Situation nicht einfach. Sie sind in einer Falle. Sie müssen sich weiterhin den Erwartungen und Vorstellungen der Alten fügen, wenn sie auf einen Platz in der Gesellschaft hoffen wollen. Sie sind gezwungen, sich in Weiterbildungskursen und Ausbildungen ihre Weisheiten, Sorgen anzuhören und müssen ihnen Kompetenzen zuschreiben. Sie verharren in einem *infantilisierten Zustand*. Wenn man Aus- und Weiterbildung besuchen muss, dann hat man automatisch eine schwächere Position. Die Machtverteilung ist klar: der Ausbilder, Professor oder Experte kann bestimmen, ob man weiterkommt, als ›geeignet‹ für die Herausforderungen des entsprechenden Aufgabenfeldes betrachtet wird. Wer sich in einer Weiter- oder Ausbildung engagiert und sich ein Zertifikat oder Diplom erhofft, muss sich mit den Machthabern arrangieren. Man muss sie akzeptieren, vielleicht sogar umschmeicheln und eigene Vorstellungen zurückstellen.

Das Problem ist: »*On apprehend nager dans l'eau!*«[62] Zu was wir wirklich fähig, welches unsere effektiven Kompetenzen und Begabungen sind, merken wir erst in der realen Auseinandersetzung mit der entsprechenden Aufgabe. Weiterbildungen sind mentale Trockenübungen, die in einem nur losen Zusammenhang mit den Herausforderungen stehen. Wie wir als Konfliktmanager wirklich reagieren und ob uns nächste Schritte einfallen, merken wir erst, wenn wir zwei unversöhnliche Streitparteien vor uns haben und beide uns zu allem Unglück die Schuld an den Spannungen zuschieben. Wenn jungen Menschen die Auseinandersetzung mit wirklichen Problemen verwehrt wird, können sie sich selber und ihrem Umfeld nicht beweisen, was sie eigentlich könnten. Sie verhalten sich in der Folge oft genau so kindisch und unverantwortlich, wie es die Erwachsenen befürchten. Sie können ihre Kompetenzen nicht unter Beweis stellen, da sich diese erst bei der Bewältigung *echter* Probleme und der Konfrontation mit *wirklichen* Herausforderungen entwickeln. Trockenübungen in Form von Prüfungen und Tests sind *kein* Ersatz. Es handelt sich um *gekünstelte* Situationen, die zudem oft nach den ideologischen oder persönlichen Vorlieben der Dozenten oder den wissenschaftlichen Paradigmen des entsprechenden Berufsstandes ausgerichtet sind. Jungen Menschen fehlt verständlicherweise oft die Motivation, sich in diesen Übungen zu beweisen.

Darüber hinaus muss uns bewusst sein, dass Weiterbildungen immer nur *bedingt* auf die Herausforderungen in der Praxis vorbereiten können. Formalisierte Lerninhalte spiegeln nur einen Bruchteil der Fähigkeiten und Kompetenzen wider, die man in der Praxis aufweisen muss, um die entsprechenden Probleme zu meistern. Einem Lehrer kann man vielleicht beibringen, wie er eine Lektion gestalten, eine Prüfung durchführen oder einen Stoff aufarbeiten muss. Um vor einer Schulklasse zu bestehen, braucht es jedoch noch diverse andere Fähigkeiten: Humor, Leidenschaft, Vorstellungsvermögen und Flexibilität. Erst in der Praxis kann man wissen, ob man wirklich unterrichten kann.

Wenn lediglich ein Fünftel einer Bevölkerung unter zwanzig ist, dann besteht die Gefahr, dass die Normen und Standards der älteren Menschen dominieren. Ihre Anschauungen und Haltungen werden zur Norm. Im Alter geht man weniger Risiken ein. Man ist auch überzeugt, dass man Regeln beachten muss und sich auf neue Aufgaben intensiv vorbereiten sollte. Diese Haltung vertreten Junge oft nicht. In grandioser Überschätzung sind sie überzeugt, dass die Welt auf sie wartet und sie nun mit der genialen Lösung auffahren können. Sie beachten Grenzen oft nicht und missachten Tabus. Die Unverfrorenheit hat natürlich oft problematische Auswirkungen, vielfach ist sie jedoch der Startpunkt für neue Produkte oder gesellschaftliche Entwicklungen. Das Facebook wurde nicht an einer Hochschule entwickelt, sondern im stillen Kämmerlein vom Studenten Zuckermann, und die Computerrevolution wurde auch nicht durch die weisen alten Männer und Frauen ausgelöst, sondern durch Sonderlinge, die nichts mit den offiziellen Bildungsinhalten anfangen konnten.[63]

»Ich suchte mir immer verrücktere Orte aus, Hochhäuser, Brücken, auf die die Passagiere eine gute Sicht hatten, oder einmal sogar einen Kran. Mir ging es um den Kick und den Fame«, berichtet mir ein siebzehnjährige Junge, der von einem Dorfpolizisten beim Tagen erwischt worden war. Obwohl er schon eine Strafanzeige hat und eine Buße von mehreren zehntausenden Franken erwarten muss, ist er stolz auf seine Leistungen. Seine Tags würden Häuser, Schulen, Brücken in Zürich, Bern, Basel und sogar in Hamburg verzieren! Er hat endlich etwas machen können, was von ihm ausging, er selber entschieden hat und das auch seine Handschrift trägt.

In Ermangelung einer Initiation und da sie in einen Warteraum verbannt wurden, hält ein Teil der Jungen nach *alternativen* Betätigungs- und Profilierungsfeldern Ausschau. Sie tasten die Gesellschaft nach *Risiken* ab. Sie wollen herausfinden, wo man Tabus verletzen, Grenzen missachten und sich anschließend als Held feiern kann. Vielleicht eignet sich eine Autoraserei dazu, eine Schlägerei auf der vorderen Schanze? Was verboten ist, reizt, und wenn man die Alten in Angst und Schrecken versetzen kann, dann war man erfolgreich. Sie suchen den Respekt der Erwachsenen auf illegalem Weg. Die Empörung und das Entsetzen der Alten verstehen sie paradoxerweise als Anerkennung. »Die waren recht wütend, als sie mich fassten! Sie stießen mich in den Polizeiwagen, fuhren mich zur Hauptwache, wo ich mich bis auf die Boxershorts ausziehen musste, dermaßen wurde ich gefilzt!«, berichtet mir ein siebzehnjähriger Junge und blickt mich nicht ohne Stolz an. Was für ein Kerl! Seine Verhaftung und die Übernachtung in einer Zelle waren in seiner Wahrnehmung der Beweis, dass man ihn nun *endlich* ernst nimmt. Mit dem Überfall auf den anderen Jungen, der Prügelei, hat er endlich erreicht, wonach er sich lange sehnte. Er wurde mit einer risikoreichen Herausforderung konfrontiert und betrat Neuland. Der Gesetzesbruch war für ihn ein initiatorischer Akt.[64]

Gewalt ist für einen Teil der jungen Männer ein Versuch der *Selbstinitiation*. Da sie von der Gesellschaft in einen Warteraum verbannt wurden und keine Herausforderungen bestehen müssen, wenden sie sich einem alternativen Betätigungs-feld zu. Sie wollen Angst erleben, ihren Mut beweisen und Ta-bus brechen. Oft handelt es sich um junge Männer, die sich von den offiziellen Ausbildungswegen entfremdet haben oder diese als Nebenszenarien empfinden. Illegale Aktionen sind in ihren Augen spannender, weil sie einen direkteren Zugang zur Erwachsenenwelt ermöglichen. Selbstbestätigung, den Respekt der Alten und einen Kick vermitteln einem verbotene Tätigkeiten. Der Gesetzesbruch wird zu einem Initiationsweg. Nur wer die Nacht im Polizeihauptquartier der Stadt verbrin-gen musste, ein Delikt begangen hat oder als Schläger gilt, wird zum Helden und erwirbt sich Erwachsenenqualitäten. Gewalttaten haben die Lehr- und Wanderjahre, die Grandtour oder in der Schweiz die Reisläuferei abgelöst. Von der Ver-trautheit des elterlichen Heimes verabschiedet man sich heute, indem man nach draußen geht und Zoff veranstaltet.

6. Geraten die Schulen außer Kontrolle?
Gewaltprävention und Mobbing

Ein Schüler liegt wehrlos am Boden und wimmert. Zwei Jungen schlagen brutal auf ihn ein. Wenn von Gewalt in der Schule die Rede ist, steigen in uns Bilder von Jungen auf, die rücksichtslos aufeinander losgehen und ein armes Opfer traktieren. Bei Politikern, Eltern und oft sogar der Polizei ist der Eindruck entstanden, die Schule habe sich zu einer *Kriegszone* entwickelt. Man befürchtet Banden, Erpressungen oder sogar Amokläufe. Die Schüler sind im Auge zu behalten und außergewöhnliche Verhaltensweisen müssen der Schulleitung berichtet werden. Die Vorstellung ist verbreitet, dass in Schulen die Pausenplätze, Gänge und Toiletten unsicher sind und friedliche Schüler um ihre Sicherheit bangen müssen. Forderungen werden aufgestellt: Killerspiele verbieten, Videokameras aufstellen, Polizeipatrouillen organisieren und harte Strafen bei Vergehen aussprechen. In der Vorstellung vieler Erwachsenen werden die Schulen von Horden wüster Jugendlicher regiert, die nichts anderes im Sinn haben als loszuschlagen. Auf Buchumschlägen und in Zeitungen werden dann auch immer wieder Bilder von schlagenden Jungen gezeigt, wenn von Gewalt in der Schule die Rede ist.

Dieses Bild spiegelt *weder* die Realität der Schule *noch* der Jugend wider. Es handelt sich um ein Klischee, das der öffentliche Diskurs verbreitet. Vor allem, wenn eine Gesellschaft mit nicht viel Gewalt oder Unruhen konfrontiert wird, braucht es Themen, über die man sich aufregen kann. Auf diese Weise erlebt man sich als Gemeinschaft und kann eigene Aggressionen, Frustrationen und Hoffnungen bündeln.[65] Die Themen wandeln sich und geben nicht immer die Realität wieder. In der überwiegenden Mehrzahl der Hauptschulen, Sekundarschulen, Berufsschulen oder Gymnasien gehört offene Gewalt nicht zum Alltag. Sicher: Die jungen Frauen und Männer sind frech, provokativ, raubauzig und nicht immer kooperativ. Vor allem während der Pubertät sind die Schüler und Schülerinnen oft unzugänglich und unhöflich, doch nur ein kleiner Teil der Jugendlichen wird gewalttätig.[66] Das Verhalten der Jugendlichen unterscheidet sich nicht *grundsätzlich* von jenem der Erwachsenen. Wie wir Erwachsenen können sie liebenswürdig und nett oder aber aggressiv und sogar bösartig sein. Jede Altersgruppe wählt die ihrer Lebensphase und -situation entsprechende Aggressionsform. Ältere Menschen sind sozial integrierter als Jugendliche. Sie müssen sich in einer Arbeit beweisen, tragen als Familienvater oder Mutter Verantwortung und haben sich eine Reputation erworben. Sie bewegen sich nicht mehr in einem gesellschaftlich-sozialen Zwischenraum, wie die Jugendlichen, sondern betrachten sich als Teil eines sozialen Kreises, einer Firma und eines Berufsstandes. Sie haben sich eine Identität und eine gesellschaftliche Stellung aufgebaut, die es zu schützen gilt. Aggressionen werden darum seltener über Boxkämpfe oder offene Verbalattacken ausgetragen, sondern man bedient sich zivilisierter Methoden: Man schaltet einen Anwalt ein, startet eine Intrige oder klagt.[67] Man ist mit den Codes, die der eigene soziale Kreis oder die Gesellschaft für Aggressionen zur Verfügung stellt, vertraut und muss darum nicht auf archaische Methoden zurückgreifen. Jugendliche sind ihrem Alter entsprechend wilder, lauter und bewegungsfreudiger als Erwachsene. Ihre Aggressionen drücken sie direkter aus und scheuen weniger vor körperlicher Auseinandersetzung zurück. Junge Männer neigen überall auf der Welt dazu, Meinungsverschiedenheiten über Raufereien auszutragen und ihre Affekte direkt auszudrücken. Dies heißt jedoch nicht, dass ihre Hemmungsmechanismen nicht funktionieren. Auch der junge Mensch hat eine Moral. Die überwiegende Mehrzahl der jungen Menschen ist auch gewillt, die Codes und Werte ihrer Umgebung zu respektieren. Wenn Jugendliche frech, laut und lärmig sind, sind sie darum nicht immer gleich auch potentielle Gewalttäter. Vielfach inszenieren sie sich vor den Erwachsenen, damit sie wahrgenommen werden, und um sich eine eigene Identität zu geben. Wenn wir uns mit Jugendgewalt in der Schule befassen, dann müssen wir uns zuerst vom Klischee der »immer gewalttätigeren Jugend« verabschieden. Schulen sind nicht *generell* ein Hort der Gewalt und auch muss man nicht jederzeit einen Amoklauf befürchten. Bei den Schulen handelt es sich um kontrollierte, überschaubare Institutionen. Die Aktivitäten der jungen Menschen sind geregelt und außerdem wird die Institution Schule von Erwachsenen geleitet. Gewalt kommt in Schulen vor, doch hat sie keineswegs endemische Ausmaße angenommen.

Wichtigste Maßnahme:
Präsenz zeigen, wagen Gegenspieler zu sein

Gewaltprävention muss primär von jenen Personen ausgehen, die für die Schule zuständig sind. Außeninstanzen wie die Polizei oder Präventionsspezialisten können sekundäre Dienste leisten, Interventionen bei Konflikten durchführen oder der Schule beratend zur Seite stehen. Die Hauptverantwortung für die Gewaltprävention tragen jedoch diejenigen Erwachsenen, die tagtäglich mit den Schülern und Schülerinnen zu tun haben, sie kennen und denen das Leben in der Schule vertraut ist. Diese müssen sich aktiv für eine gewaltfreie Schule einsetzen, wenn sie verhindern wollen, dass es in der Schule zu Gewalt kommt.

Im WC war eine Toilettenschüssel zerbrochen und die Eingangstüre zum Schulhaus klemmte. Ein Teil der Gänge war verspraÿt worden und an den Kleiderhaken hing nichts; es war nicht daran zu denken, in den Gängen eine Jacke oder Tasche hängen zu lassen, geklaut wurde alles. Die Schulzimmer wirkten ziemlich chaotisch, die Pulte zerkratzt und vertextet. Die neuen Schüler und Schülerinnen hingen lässig herum, als endlich die Lehrer und Lehrerinnen erschienen. Es handelte sich um den ersten Schultag des zehnten Schuljahres einer Schule im schweizerischen Mittelland. In einer Klasse saß der neue Lehrer locker auf seinem Pult. Er trug Turnschuhe, Jeans und stellte sich mit seinem Vornamen vor. Er präsentierte sich als lässiger Kamerad. Mir wurde rasch klar, wieso diese Schule in einem verwahrlosten Zustand war.

Gewaltausbrüche und Vandalismus sind in einer Schule unter Jugendlichen jederzeit möglich. Da ein Teil der Jugend sich über gezielten Widerstand in die Gesellschaft einbringen und die Grenzen des Systems ausloten will, müssen sich Lehrer und Lehrerinnen als Leitfiguren präsentieren und Verantwortung übernehmen. Es gilt, die negativen Kräfte innerhalb der Schülerschaft zu neutralisieren. Lehrer sollten für die Schüler und Schülerinnen als Bezugspersonen und Autoritäten präsent sein. Wenn Lehrer nicht wahrnehmbar sind, dann drohen die aggressionsbereiten Jugendlichen das Zepter zu übernehmen. Die Schüler müssen darum merken, dass die Erwachsenen sich effektiv um die Schule kümmern, sich aufregen, wenn Korridore verschmutzt sind oder die Fotogalerie in der Eingangshalle veraltet ist. Jugendliche brauchen Erwachsene, die sich für sie interessieren, Zeit für ein gelegentliches Gespräch haben, die es jedoch auch wagen, sich ihnen entgegenzustellen und bei Regelbrüchen zu reagieren. Die Gründe liegen in den spezifischen Eigenarten der Jugendphase.

Auf der Suche nach sich selbst laborieren junge Menschen an der eigenen Persönlichkeit herum und probieren Verhaltensweisen aus, durch die sie sich von den Erwachsenen abgrenzen können. Sie wählen eine Sprache, Kleidung oder pflegen Bewegungen, mit der sie Distanz zu den Erwachsenen signalisieren. Die Hosen werden weit unter dem Bund getragen, so dass man die Unterhosen sehen kann, natürlich trägt man eine Kappe und als Mädchen bauchfrei. Statt normal zu gehen, schleppt man sich die Korridore entlang und gibt sich passiv. Sie präsentieren sich als coole Gangstas, um sich selber Power zu geben und sich als selbständig zu erleben. Vieles ist nur noch »Scheiße« und als Hauptfreizeitbeschäftigung gibt man »Hängen« und »Chillen« an. Rauchen oder Kiffen wird cool und man wendet sich einem extremen Musikgeschmack zu. Das Verhalten widerspiegelt jedoch nicht die wirkliche Persönlichkeit, sondern es handelt sich größtenteils um eine Inszenierung. Es geht um ein Spiel mit Identitäten. Ziel ist auch, die Erwachsenen zu provozieren, damit diese ihre Rolle als Gegenspieler übernehmen. Man versucht sich in der provokativen Geste, damit die Groofties reagieren und sich aufregen. In der Empörung sehen die Jugendlichen den Beweis, dass sie wichtig sind und die Erwachsenen sie ernst nehmen. Die Empörung wird als affektive Zuwendung registriert. Solange sich Lehrer ein- bis zweimal pro Woche über sie ärgern, stimmt die Beziehung und man weiß als Jugendlicher, dass man immer noch ernst genommen wird.

Wenn wir in der Schule Gewaltprävention betreiben wollen, dann müssen wir diesen altersspezifischen Antagonismus zwischen den Generationen berücksichtigen. Jugendliche sehen in den Erwachsenen Personen, von denen man sich abgrenzen kann. Sie brauchen Gegenspieler, um Grenzen auszuloten und Tabus anzukratzen. Lehrer, die sich dem Verhalten der Jugendlichen angleichen, wie im obigen Beispiel, werden von den Jugendlichen als *Irritation* wahrgenommen. Vordergründig findet man das Verhalten vielleicht cool, doch eigentlich ist man enttäuscht. Die Erwachsenen haben sich nicht genau so wie die Jugendlichen zu verhalten, die gleiche Sprache zu sprechen und deren Interessen zu pflegen, sondern in den Augen der Jugendlichen haben sie veraltet zu sein. Jugendliche wollen keine ewig-jungen, immer verständnisvollen Pädagogen, sondern Erwachsene, die sich periodisch über die Jugend entsetzen, ohne die Beziehung abzubrechen. Erwachsene müssen darum auch den Mut aufbringen, Gegenpositionen einzunehmen und bei gewissen Themen *nicht* einverstanden zu sein. Man lehnt einen Rap ab oder es gefällt einem die Kleidung eines Jugendlichen nicht. »Dein Gesichts-Piercing finde ich nicht schön!«, teilt eine Lehrerin einer Schülerin mit. Natürlich gibt sich die Schülerin beleidigt, doch eigentlich suchte sie eine solche Gegenreaktion. Damit Jugendliche ihre Hörner abstoßen können, braucht es Erwachsene, die nicht immer mit ihnen einverstanden sind oder sich distanzieren. Wenn Erwachsene sich weigern, diese Rolle zu übernehmen, dann drücken sie sich um ihre Verantwortung als Gegenspieler.

Profil der Schule erstellen

Gewalt innerhalb einer Gemeinschaft oder in der Schule hat verschiedene Gesichter. Klischees, wie sie in der Öffentlichkeit oder zum Teil auch von Gewalttheoretikern verbreitet werden, sind oft eine schlechte Grundlage der Präventionsarbeit. Der erste Schritt zur Gewaltprävention ist darum die Erstellung eines Profils der Schule, mit der man konkret zu tun hat. Konflikte gibt es in jeder Schule und Gemeinschaft. Um zu verhindern, dass sie ausufern, gilt es, sich ein Bild von den Spannungen und Problemen zu machen. Die Qualitäten und Dynamiken dieser Konflikte sind verschieden. Die Struktur und Herausforderungen der Schule oder Gemeinschaft geben uns Hinweise auf mögliche Gewaltszenarien. Eine Hauptschule in einem Ballungsgebiet mit einem hohen Ausländeranteil kämpft mit anderen Schwierigkeiten als eine ländliche Dorfschule mit einer homogenen Bevölkerung. In beiden Schulen sind Konflikte möglich, ob sie in Gewalt ausarten und welche Eskalationsstufen sie durchlaufen könnten, ist jedoch verschieden. Als erstes sollten sich darum Schulleiter, Lehrer oder Schulsozialarbeiter *ein Bild vom möglichen Konfliktprofil* der Schule machen. Es gilt anzudenken, *wie* ein möglicher Gewaltvorfall in der Schule aussehen könnte. Welche Eigenarten der Zusammensetzung der Schülerschaft könnten sich problematisch auswirken, welche Umstellungen könnten Probleme verursachen und welche strukturellen Bedingungen sind eventuell eine Überforderung für die Schülerschaft.

In einer Gemeinde im schweizerischen Mittelland war beschlossen worden, dass die Grundschule sich den Pausenplatz mit der Oberstufe teilt. Man wollte Kosten sparen und hoffte, dass sich der Kontakt zwischen den älteren und jüngeren Schülern intensivieren würde. Was in der Theorie gut klang, war in der Praxis jedoch problematisch: Die Grundschüler kamen durch den regelmäßigen Kontakt mit den Oberstufenschülern frühzeitig mit der Kiffer- und Raucherszene der Jugendlichen in Kontakt. Einzelne der jüngeren Schüler fanden es cool, die Pausen mit den Jugendlichen zu verbringen und begannen deren Verhaltensweisen nachzuahmen, andere waren irritiert und hatten das Gefühl, dass sie keinen Raum für sich selber hatten. In einem solchen Umfeld könnte es möglich sein, dass die Spannungen zwischen Oberstufenschülern und Grundschülern in Gewalt ausarten.

Gewalt in der Schule spiegelt das Dorf oder den Stadtteil, in dem sich die Schule befindet, wider. Oft spielen sich im kleinen Rahmen dieselben Mechanismen ab und tauchen die gleichen Probleme auf, mit denen sich die Gemeinde oder das Wohnviertel befassen müssen. Die Dorf- oder Stadtteilprobleme verlagern sich in die Schule. Die Schule wird dann zu einem Austragungsort für Spannungen oder Probleme, mit denen das Dorf, die Stadt oder der Stadtteil zu kämpfen haben.

»Neuzuzügler haben hier nichts zu suchen!«, deklarierte eine Gruppe Jugendlicher und versperrte zwei Kameraden den Zutritt zum Sportplatz. In dieser Schule im Berner Oberland hatten sich zwei Gruppen gebildet: die Alteingesessenen und die fremden Typen. Bei den Alteingesessenen handelte es sich um Jugendliche aus Familien, die bereits seit Generationen im Dorf leben. Die fremden Typen lebten zum Teil erst seit einer oder zwei Generationen im Dorf.

Vor allem in städtischen Gebieten können sich Gangs bilden. Meistens handelt es sich um lose Gruppierungen ohne klare Hierarchien oder politische Zuordnung. Sie organisieren sich oft um einen Kern von drei oder mehr Jugendlichen, die sich als Clique verstehen. Sie fühlen sich durch ein gemeinsames Interesse, einen gemeinsamen Stil oder eine gemeinsame nationale Zugehörigkeit miteinander verbunden. Man wähnt sich als typischer Seefelder, fühlt sich als Kosovo-Albaner oder als Fan des FC Zürich. Das verbindende Element dient oft nur als Klammer, um einen Gruppegroof aufleben zu lassen. Man rottet sich zusammen, zieht durchs Quartier auf der Suche nach »Zoff« und um seine Markierungen zu hinterlassen. Ein Zeitungskasten wird zertrümmert, ein Auto zerkratzt oder ein Mitglied einer anderen Clique »angefiggt.« Solche Gangs verfolgen oft keine bestimmten Ziele, sondern sie verhalten sich wie Jäger auf der Suche nach Beute, ohne zu wissen, welche. Es herrscht eine Aufbruchsstimmung ins Nirgendwo. Oft kommt es zu aggressiven Aufladungen und Profilierungsversuchen. Man sucht den Kick. Man sucht ein Opfer, um seine Männlichkeit zur Schau zu stellen oder will seinen Mut in einem krassen Vandalenakt beweisen. Solche Jugendgruppen sind auf der Suche nach einem Spannungsfeld und einem Aktionsgebiet, das sie beherrschen können und in dem sie den King spielen können. Jugendliche teilen sich in ihren Köpfen das Viertel in verschiedene Herrschaftsgebiete auf. Der Streifen am See gehört den Kariben, der Tiefenbrunnen ist der Versammlungsort der Serben und in der Siedlung dominieren die Italos. Nicht bei allen Gangs handelt es sich um reale Machtgruppen, sondern oft bleibt es bei der Inszenierung. Die Jugendlichen stellen sich vor, dass ein Stadtviertel einer Clique zugeordnet wird. »Jacken ausziehen!« gebot ein Vierzehnjähriger seinen Kumpeln. Wir waren dabei, eine Brücke zu überschreiten, die einen Fluss überquert, der die Stadt Zürich durchschneidet. Ich verstand nicht, was diese Aufforderung bezwecken sollte. Die Jugendlichen zogen ihre Jacken aus, kehrten sie um und zogen sie gleich wieder an. »Das Wort Challenger darf man jenseits der Limmat nicht zeigen! Jenes Gebiet wird von einer anderen Gang beherrscht«, informierte mich der Jugendliche. Auf der Rückseite der Jacken war das Wort »Challenger« aufgedruckt. Anscheinend galt es als Erkennungszeichen ihrer Gang. In den Augen der Jugendlichen setzt man sich Gefahren aus, wenn man mit einem solchen Signet in ein fremdes Bandenterritorium eindringt. Ich sah zwar beim besten Willen keine anderen Jugendlichen, sondern lediglich Passanten, die ihren Einkäufen nachgingen. Aus meiner Sicht wurde das Gebiet am anderen Flussufer von Bankern, Touristen, Familien und Hausfrauen besetzt. In der Vorstellung der Jugendlichen betrat man jedoch feindliches Gebiet. Die »Challengers« hatten dort Attacken einer feindlichen Gang zu fürchten. Solche Aufteilungen der Stadt in Gangterritorien spielen sich oft lediglich in den Köpfen der jungen Menschen ab. In Wirklichkeit ist alles halb so wild. Unabhängig vom effektiven Einflussbereich können Cliquen oder Banden jedoch ihr Herrschaftsgebiet auf die Schule ausweiten. Das Schulterritorium ist für sie eine Möglichkeit, Präsenz zu zeigen. Man kann sich dort als mächtige Gang aufspielen. In etlichen Schulen versuchen die Jugendlichen, ihren Machtanspruch durch Einschüchterungen durchzusetzen. Vor allem neueintretenden Schülern und Schülerinnen muss klar kommuniziert werden, wer der Boss ist.

Unheimliche Eintrittsszenarien

»Auf den Wechsel in die Sekundarschule müssen wir uns vorbereiten!«, teilten mir die Schüler einer Primarschule eines Außenbezirks von Zürich mit. Die Kinder suchten gegen Ende des Schuljahres und vor dem Eintritt in die nächsthöhere Schulstufe den Kontakt zu einem Schüler oder einer Schülerin, der oder die einen älteren Bruder in der Sekundarschule hatte. Der Grund wurde uns klar, als wir mit den Sekundarschülern sprechen konnten: Neueintretenden Schülern und Schülerinnen wurde in den ersten paar Wochen das Portemonnaie gestohlen. Auf geheimnisvolle Weise wurde es nach zwei bis drei Tagen wieder gefunden, fast immer von einem Schüler einer höheren Klasse. »Gehört dir das?«, sprach jener den Schüler dann an, dem das Portemonnaie abhanden gekommen war. »Du kannst es haben!« Der jüngere Schüler nahm den Geldbeutel in Empfang. Natürlich war der Inhalt verschwunden. »So, und was ist mit dem Finderlohn?«, schnauzte nun der ältere Junge den jüngeren Schüler an. »Entweder du gibst mir jetzt fünf Franken oder morgen zehn! Verstanden!« Der Zweck solcher Diebstähle wurde uns klar, als wir die fordernden Jungen genauer unter die Lupe nahmen. Sie gehörten einer Clique an, die sowohl im Stadtviertel als auch in der Schule das Sagen hatte. Sie bestimmten, für wen auf der Treppe vor dem Schulhaus die Sonnenplätze reserviert waren und wer die Geräte benützen durfte. Neueintretenden Schülern musste klar gemacht werden, wer in der Schule den Ton angab. Der Stehlakt hatte die Funktion, den neuen Schülern die Machtverhältnisse klar zu machen. Für uns war erstaunlich, dass die Lehrerschaft nichts von diesen Machtspielen wusste. Für die Schüler und Schülerinnen war sie in der Schule wenig präsent, wurde eher als Beiwerk wahrgenommen. Es war klar, dass man sich nach den wirklichen Machtträgern richten musste, wenn man in der Schule überleben wollte.

Den Kindern der Grundschule war das Treiben dieser Bande bekannt. Sie befürchteten, dieser Bande in der Sekundarschule ausgeliefert zu sein. Man wusste, dass diese bestimmten, wer den Zebrastreifen vor dem Schulhaus benutzen durfte und wer Anrecht auf einen Sonnenplatz auf der Pausentreppe hatte. Es herrschte ein strenges Regime. Die Schüler der Primarschule wappneten sich jedoch: indem sie sich mit einem Schüler oder einer Schülerin anfreundeten, der oder die einen älteren Bruder in der Sekundarschule hatte. Kurz nach Eintritt in die neue Schule wurde man von diesem Bruder eines Klassenkameraden ostentativ begrüßt. Den Arm locker über die Schultern gelegt, durchschritten dann beide die Korridore und den Pausenhof der Schule. »Dies ist mein Freund!«, wurde jedem zugeraunt, der es wissen wollte. Der neueintretende Schüler wurde beschützt und genoss größere Freiheiten. Er musste der Gang nicht gehorchen.

Schulen sind Territorien, in denen spezifische Regeln und Normen herrschen. Es handelt sich um einen *halböffentlichen* Lebensraum. Wenn Kinder oder Jugendliche in die Schule eintreten, dann wollen sie wissen, welche Codes gelten. Sie wissen, dass sie nicht tun und lassen können, was sie wollen, sondern Regeln respektieren müssen. Die überwiegende Mehrzahl hält darum vor allem bei Schulbeginn Ausschau nach den effektiven Machtträgern im Territorium Schule. Natürlich sollte es sich dabei um die Lehrerschaft handeln. Leider kommt es jedoch vor, dass andere Gruppierungen die Macht an sich reißen und damit Auseinandersetzungen des Wohnviertels in die Schule hineingetragen werden.

Schüler frühzeitig einbinden: die Hartford Methode

Cliquen, die eine Schule zu ihrem Herrschaftsgebiet erklären, können zu einem Sicherheitsproblem werden. Wenn ihnen die Schule überlassen wird, dann erhöht sich die Wahrscheinlichkeit der Gewalt. Das Geschehen in der Schule ist nicht mehr kontrollierbar und die Schüler verlieren das Vertrauen in die Lehrerschaft. Instinktiv beginnen sie sich nach den älteren Jugendlichen auszurichten und ignorieren die Erwachsenen. Um eine solche Entwicklung zu verhindern, sollte man sich vom ersten Schultag an die Zeit nehmen, die neuen Schüler *positiv* in die Schule einzubinden. Die Integration der neuen Schüler und Schülerinnen gelingt jedoch kaum über durchorganisierte Willkommensveranstaltungen, Ansprachen von Schulleitern und die persönliche Vorstellung der Lehrer. Die Schüler und Schülerinnen müssen vor allem das Gefühl haben, dass sie *persönlich* in der Schule willkommen sind und als *Individuum* wahrgenommen werden. Viele haben den Eindruck, dass sie bereits viel erlebt haben und eigene Ideen und Interessen mitbringen. Sie treten nicht als Schüler oder Schülerinnen ein, sondern als Peter Hablützel, Starstürmer des FC Wilen oder als Laura Bellwald, die ausgezeichnete Comics zeichnen kann. Sie wollen sich nicht nur an das System Schule anpassen, sondern auch den Eindruck haben, dass die Lehrer auch ihnen entgegenkommen und sie wahrnehmen. Vor allem dominante Schüler wollen in ihrem individuellen Profil erkannt werden.

Eine High-School in East-Hartford Connecticut wurde mit Disziplin- und Gewaltproblemen konfrontiert. Immer wieder gab es im Schulareal Vorfälle und außerdem war die Rate der Schulabbrecher sehr hoch. Fast 30 % der Schüler oder Schülerinnen schlossen die High-School nicht ab. Sie tauchten eines Tages einfach nicht mehr auf. Der neue Schulleiter entschloss sich, es mit einer neuen Methode zu versuchen. Statt die

Schüler und Schülerinnen am Anfang des Schuljahres mit Regeln und Informationen über die Schule und die Lehrer zu bombardieren, nahm er sich am Anfang des Schuljahres Zeit, auf dem Schulgelände herumzuspazieren. Traf er auf Schüler und Schülerinnen, die ihm aufgrund ihres sicheren Auftretens und ihrer ausgefallenen Kleidung auffielen, dann sprach er sie an und befragte sie über ihre Interessen, ihre Vergangenheit und ihre Erlebnisse außerhalb der Schule. Statt viel zu reden, hörte er einfach zu. In seinem Büro notierte er sich anschließend den Inhalt der Gespräche. Ein Junge hatte von einem Baseballteam geschwärmt, ein Mädchen war stolz auf ihre Gesangskünste und ein anderer Junge behauptete, er könne jedes Computerprogramm knacken. Wichtig war, dass er die dominanten Schüler ansprach. Nach zwei, drei Wochen schlenderte er wieder durch das Schulhaus und sprach die Jugendlichen an, mit denen er vorher ein Gespräch geführt hatte. Wie geht es mit dem Baseball? Hattest du als Sängerin einen Auftritt? Kann ich dich wegen eines Computerproblems etwas fragen? Der Schulleiter nahm Bezug auf den Inhalt der vorher geführten Gespräche, und wenn er neue Informationen erhielt, dann schrieb er sich diese wieder auf.

Gab es ein Problem in der Schule, wie einen Gewaltvorfall oder Drogen, dann lud der Schulleiter ein paar der Jungen, mit denen er Gespräche geführt hatte, zu sich ins Rektorat ein. Dort versammelten sie sich in einem Kreis. Nun erzählte der Schulleiter von seinen Sorgen. Es habe einen Gewaltvorfall gegeben oder zwei Schüler seien beim Verkauf von Drogen erwischt worden. Ungeschminkt und ohne Forderungen zu stellen schilderte er, was ihn als Schulleiter beschäftigt. Er lud die ausgewählten Jugendlichen ein, ihre Gedanken zu äußern und fragte sie um Rat. Natürlich waren die Ideen der Schüler und Schülerinnen zum Teil sehr unrealistisch oder einseitig, doch dem Schulleiter ging es nicht um das. Er wollte den Schülern begreiflich machen, dass er sie ernst nahm und ihnen keine pfannenfertigen Lösungen aufoktroyieren wollte. Beim Gespräch im Rektorat vermied er Belehrungen und stellte keine Forderungen. Er entließ sie mit den Worten, dass er ihnen, als wichtige Persönlichkeiten der Schule, einfach seine Sorgen und Gefühle habe mitteilen wollen. Anscheinend war das Resultat phänomenal. Die Anzahl der Gewaltvorfälle sank dramatisch und die Schulabbrecherrate ging zurück. Die Schüler begannen sich vermehrt mit der Schule zu identifizieren und waren bereit, ihren Anteil an einer positiven Schulkultur zu leisten. Was sie genau unternommen haben und wie sie auf ihre Klassenkameraden wirkten, konnte der Schulleiter nicht eruieren.

Natürlich kann man einwenden, dass der Schulleiter wahrscheinlich dank seines Charismas seine Schüler und Schülerinnen beeindrucken konnte oder dass es sich um einen Einzelfall handelt. Die Vorgehensweise des Schulleiters weist uns jedoch auf ein paar wichtige Regeln bei der Einbindung von Jugendlichen in die Schule hin.

Bei neueintretenden Jugendgruppen müssen die *Alphatiere* angesprochen werden. Es gilt, sich auf die einflussreichen und von den anderen bewunderten Jugendlichen zu konzentrieren. Die schüchternen, zurückhaltenden, besonderen, normalen oder komischen Schüler und Schülerinnen kann man zu diesem Zeitpunkt ignorieren. Wir müssen die Hierarchien, die sich unter den Jugendlichen entwickelten, respektieren und sie für uns nutzen. Vielen Lehrern oder Jugendarbeitern missfällt dieser Ansatz, da sie eine Stärkung der oft problematischen Jugendlichen befürchten. Muss man denn tatsächlich einem Gangleader seine Referenz erweisen? Das Problem ist, dass wir ohne die Mithilfe dieser dominanten Jugendlichen auch nicht mit zurückhaltenden Jugendlichen arbeiten können. Wir müssen uns zuerst um die Hierarchien kümmern, bevor wir uns den gemobbten, introvertierten oder sozial unangepassten Jugendlichen zuwenden.

Der Schulleiter von East-Hartford verstand es außerdem, die Größenphantasien der Jugendlichen anzusprechen.[68] Viele Jugendliche wollen zuerst ihre Geschichte erzählen, sich als Individuum mit einer großen Vergangenheit präsentieren, bevor sie sich den Regeln der Schule fügen und anpassen. Diesen leichten Narzissmus der dominanten Schüler und Schülerinnen gilt es zu nutzen und nicht zu bekämpfen.

Verzicht auf Belehrungen ist ein wichtiges Mittel, um Jugendliche in eine Schule einzubinden. Natürlich müssen wir sie auf die Schulhausregeln hinweisen und deutlich machen, dass Zuwiderhandlungen Sanktionen nach sich ziehen. Moralsprüche oder Drohungen bringen jedoch meistens nichts. Bei vielen Jugendlichen wird der Widerspruchsgeist geweckt oder sie beginnen sich zu langweilen, wenn wir als Lehrer lautstark betonen, dass jegliche Gewalt geahndet wird und sie bei Mobbing sofort einschreiten. Vielfach sind solche Belehrungen mehr für die Ohren von Außenstehenden bestimmt, denen bewiesen werden soll, dass man wirklich etwas gegen Gewalt macht. Den Lehrern geht es darum, zu beweisen, dass sie etwas tun und gegen Gewalt vorgehen. Eigentlich handelt es sich jedoch um Selbstinszenierungen. Nur ganz wenige Jugendliche lassen sich durch Moralsprüche beeindrucken. Vor allem die dominanten Schüler und Schülerinnen wollen als Autoritäten angesprochen werden und nicht als Bimbos, die nichts zu sagen haben. Das Raffinierte der Methode dieses Schulleiters war, dass er die dominanten Schüler einband, ohne konkrete Forderungen zu stellen. Hätte er bei den Gesprächen im Rektorat konkrete Forderungen gestellt oder bestimmte Erwartungen gehegt, wäre seine Strategie wahrscheinlich kaum erfolgreich gewesen. Anstatt einer Belehrungsrunde bot er Gipfelgespräche an, die den Narzissmus der Jugendlichen ansprachen und es ihnen ermöglichte, sich positiv in die Schule einzubringen, ohne das Gesicht zu verlieren.

Wichtig war auch, dass der Schulleiter die Jugendlichen

persönlich ansprach. Er interessierte sich aufrichtig für ihre Eigenleistungen und persönlichen Erfahrungen. Junge Menschen verhalten sich oft raubauzig und wirken auf uns unnahbar. Sie sind frech und wollen durch zynische Sprüche imponieren. Bei diesem Verhalten handelt es sich jedoch oft um eine Maske. Sie inszenieren sich als mächtige Gegenspieler, um ihre Selbstunsicherheit zu verbergen und ihre Empfindlichkeiten zu verstecken. Sehr gerne erzählen sie von ihren Interessen, Ängsten und Plänen. Als Erwachsene sollten wir versuchen, hinter diese Maske zu blicken und die Jugendlichen direkt von Mensch zu Mensch anzusprechen. Wir können sie in einer Schule besser positiv einbinden, wenn sie sich geschätzt und als Persönlichkeit anerkannt fühlen.

Natürlich ist die Methode des Schulleiters von East-Hartford nicht der einzige Weg, Schüler und Schülerinnen positiv einzubinden. Je nach Schule und Gemeinde ist ein anderer Ansatz geeignet. Vielleicht müssen in einer Schule zuerst die Familien, die in einer Gemeinde eine Rolle spielen, ausgemacht oder die Jugendlichen in ihren Quartiersloyalitäten angesprochen werden. Viele Schulen präsentieren auf Fotos, die in den Korridoren aufgehängt sind, die einzelnen Jugendlichen oder geben den Jugendlichen in den ersten Schulwochen eine Chance, sich individuell darzustellen.

Manifeste Gewaltvorfälle

Das Attribut »manifest« bezieht sich auf die Wahrnehmung und die Auswirkungen eines Gewaltaktes auf das weitere Umfeld. Im Gegensatz zu versteckten Gewaltvorfällen oder Mobbing wird der Vorfall von Außenstehenden registriert, interpretiert und oft ausgeschlachtet. Die Umgebung reagiert verängstigt, besorgt oder hysterisch. Bei manifesten Vorfällen wird der Vorfall zu einem Thema, über das diskutiert wird

101

oder über das man sich sogar erregt. Da die Umgebung mit einbezogen wird, besteht die Gefahr, dass der Gewaltakt zu einem *Politikum* wird.

»Vergewaltigung auf dem Schulhof!« wusste die Tagesschau des Schweizer Fernsehens zu berichten. Zwei Jungen hätten ein behindertes Mädchen auf dem Areal einer Schule eines Vorortes von Basel sexuell missbraucht. Die Eltern der Jugendlichen reagierten empört. Eine Mutter berichtete dem Tagesschaureporter, dass sie schon immer geahnt habe, dass es in der Schule nicht mit rechten Dingen zugehe, und ein Jugendlicher äußerte selbstsicher, dass in der Schule noch viel schlimmere Dinge passierten! Das Dorf war geschockt. Der Reporter der Tagesschau wollte einen Lehrer zu einer Stellungnahme bewegen, leider ohne Erfolg. Im Fernsehbericht wurde der Lehrer trotzdem gezeigt. Man sah ihn, wie er seine Hände über den Kopf hielt und sie schüttelte, während er über den Pausenhof flüchtete. »Niemand der Lehrerschaft war bereit zu einer Aussage«, lautete der Kommentar des Tagesschausprechers trocken. Das feige Verhalten der Lehrerschaft wurde im Dorf zu einem Thema. Verschiedene Eltern und eine politische Partei verlangten von der Schulbehörde, dass Sofortmaßnahmen ergriffen würden und natürlich meldeten sich die üblichen Lösungsapologeten mit Kommunikationstrainings, Empathieförderungsprogrammen und Peace-Kursen.

Nach einer Woche stellte sich heraus, dass weder das Mädchen, noch die beiden Jungen aus dieser Gemeinde stammten! Sie hatten *gar nichts* mit der Schule oder Gemeinde zu tun, sondern hatten nach einer Motorradfahrt rein zufällig dieses Schulhaus gewählt. Es war auch nicht klar, ob es sich wirklich um eine Vergewaltigung oder einvernehmlichen Sex handelte. Die Behörde, mein Institut[69] und die Polizei informierte sogleich die Bevölkerung in der Hoffnung, dass sich die Situation in der Gemeinde beruhige. Wir täuschten uns gewaltig! Eine Welle der Empörung schlug uns entgegen. Unsere Aussagen würden klar beweisen, dass wir das Thema Gewalt in der Schule nicht *ernst* nehmen, ein Ablenkungsmanöver starten und uns um unsere Verantwortung drücken. Inzwischen habe sich doch herausgestellt, dass solche Vorfälle in ihrer Gemeinde auch möglich seien und vieles sich im Verborgenen abgespielt habe! Schließlich könnte sich doch ein solcher Vorfall in ihrer Schule auch ereignen und hatten doch inzwischen Jugendliche und Eltern von ähnlichen Vorfällen berichtet!

Sobald ein Gewaltereignis medial verbreitet wird, haben wir es nicht mehr unter Kontrolle. Es wird eine Dynamik ausgelöst, der weder durch Fakten noch durch neutrale Berichterstattung beizukommen ist. Die Öffentlichkeit ist launisch, irrational und ungerecht. Wird ein Gewaltvorfall manifest, ertönt einhergehend mit einer gewissen Lüsternheit nach Empörung auch schon der Schrei nach Rache. Vor allem friedliche Gesellschaften dürsten periodisch nach Aufregung, einem Skandal oder einer öffentlichen Brandmarkung. Man will wieder mal jemanden »hängen« sehen und schnell wird der Ruf nach dem Schafott laut.[70] Das Thema dient als Ventil, um Emotionen loszuwerden, so wie früher öffentliche Enthauptungen oder das Verbrennen von Katzen ein öffentlicher Akt war. Tatsachen oder Berichtigungen haben meist keine Chance, wahrgenommen zu werden.

Bei der medialen Verbreitung von Gewaltvorfällen müssen wir in *drei Kreisen* denken. Sie entsprechen der Dynamik und der Qualität der Berichterstattung eines Vorfalles. Beim innersten Kreis handelt es sich um den Mikro-Kreis eines Gewaltakts. Zu ihm werden die direkt Beteiligten des Vorfalls gezählt. Es handelt sich um jene Personen, die unmittelbar an dem Gewaltakt beteiligt waren; Opfer, Täter und Zeugen. Sie haben den Gewaltakt *tatsächlich* erlebt, wurden gekränkt, verletzt oder sogar traumatisiert.

Beim zweiten Kreis handelt es sich um jene Menschen, die einen persönlichen Bezug zu den Personen des Mikrokreises haben. Es kann sich um die Eltern, Freunde oder die Lehrer der Jugendlichen handeln. Sie sind auch vom Vorfall betroffen, doch waren sie nicht unmittelbar beteiligt. Der Sohn erzählt seinem Vater, wie er ausgeraubt wurde oder eine Lehrerin hört von zwei Jugendlichen ihrer Klasse, was sie auf dem Pausenhof erlebt haben. Die Personen im Meso-Kreis sind mit den persönlichen Eigenschaften, den Stärken und Schwächen der unmittelbar Betroffenen vertraut. Sie wissen, dass ein Junge eher introvertiert ist und ein anderer dazu neigt zu übertreiben. Sie werden meist direkt von den Betroffenen über den Vorfall informiert.

Zum dritten Kreis werden Personen gezählt, die weder in den Gewaltakt involviert waren, noch Täter, Opfer oder Zeugen persönlich kennen. Zum dritten Kreis rechnet man Menschen, die in der gleichen Gemeinde wohnen, das Schulhaus kennen, die gleiche Schule besuchen, jedoch keinen oder einen nur sehr losen Kontakt zu Betroffenen haben. »Ist das der Junge mit den roten Haaren?«, wird eine Frau des dritten Kreises oder Makro-Kreises nach einem Vorfall fragen. Sie wird nicht unmittelbar von den Betroffenen informiert, sondern erfährt *indirekt* von dem Gewaltvorfall. Ein Nachbar, andere Eltern oder die Lehrer überbringen die Neuigkeit. Zum dritten Kreis gehören auch Polizei und Presse. Auch sie erfahren nicht über persönliche Beziehungen vom Vorfall, sondern werden später eingeschaltet. Sie müssen nachträglich herausfinden, was wirklich geschehen ist; Tatbestände aufnehmen und Zeugen interviewen. Ihre Informationen beruhen auf *Nacherzählungen* von ihnen wenig vertrauten Personen. Ein Journalist macht ein Interview mit einem betroffenen Jugendlichen oder die Polizei führt eine Befragung in einem Polizeiposten durch. Im dritten Kreis ist die Stimmung oft aufgeheizt und die Personen sind moralisch aufgeladen. Alle reden aufgeregt vom Vorfall, sind empört und fordern Maßnahmen. Die Interviews und Befragungen finden zudem in künstlichen Si-

tuationen mit Personen statt, die nicht aufeinander einge-
stimmt sind. Ein Jugendlicher wird von einem Polizisten in einem seelenlosen Raum der Wache befragt, was er sich eigentlich gedacht habe oder dass er sofort mit der ganzen Wahrheit
herausrücken solle. Vorurteile, Ängste und Enttäuschungen
liegen in der Luft und beeinflussen die Interaktionen. An die
Personen, die Verhöre durchführen, wird die Erwartung gestellt, dass sie sofort Ergebnisse liefern und Schuldige benen-
nen. Taten werden erwartet. In einer solchen Atmosphäre
kann es zu krassen Beurteilungsfehlern kommen. Aus der Geschichte weiß man, dass die Gefahr der Fehlurteile und falschen Beschuldigungen droht.[71] Da die Personen des dritten
Kreises nicht mit den Betroffenen und Umständen vertraut
sind, kommt es zu falschen Einschätzungen. Bei einer Befragung redet ein Jugendlicher von den »Scheiß Schweizern«
und provoziert durch seine Coolness. Für einen Außenstehenden ein klares Zeichen einer ruchlosen Haltung und möglichen Mitschuld. Vielleicht verhält sich der Jugendliche immer so und gefällt sich in seinen provokativen Gesten. Wer
nicht regelmäßig mit Jugendlichen zu tun hat, ist jedoch erstaunt über die Wortwahl und den Auftritt. Zum dritten Kreis
werden auch nationale oder lokale Fernsehstationen und Zeitungen gerechnet. Sie sind auf der Suche nach Themen, die
interessieren und die bereits in aller Leute Mund sind. Sie ei-
len zu den Tatorten und stehen oft unter großem Zeitdruck.
Bis zu Redaktionsschluss müssen sie etwas im Kasten haben
oder eine spannende Story abliefern. Die meisten Journalisten
wie auch die Beamten versuchen ihrer Arbeit seriös nachzugehen und sind sich der Schwierigkeiten einer objektiven Information bewusst. Fehler geschehen meistens unbewusst
oder aus mangelnder Vertrautheit mit dem Kontext, der Verhaltensweise der Jugendlichen oder Problematik des Themas.

Je nach Kreis bekommt ein Gewaltvorfall eine *andere Qualität*. Die Menschen, die sich im innersten Kreis eines Gewalt-

vorfalles befanden, haben oft eine unklare Vorstellung vom Ereignis. Da sie direkt betroffen sind oder zu Zeugen wurden, ist ihre Wahrnehmung *verzerrt*. Wenn man zu einem Teil eines Gewaltszenariums wurde, dann kann man nicht mehr objektiv über das Geschehen berichten. Die Wahrnehmung ist eingeschränkt, weil man am Boden liegt oder sich hinter einer Türe versteckt. Man verlässt die nüchterne, besonnene Haltung und gerät in einen eigentümlich zwiespältigen Zustand. Oft beschäftigt man sich mit doofen, unwichtigen Details. »Muss ich jetzt meine Jacke in die Reinigung bringen? Die hat doch über das Wochenende zu«, geht einem durch den Kopf, als man das eigene Blut auf der Jacke sieht, oder man befürchtet, dass man einen Strafzettel wegen einer abgelaufenen Parkuhr bezahlen muss, weil man wegen dieses Vorfalls nicht weg kann.

Wie bei kriegerischen Ereignissen werden das Denken und die Wahrnehmung der Beteiligten eines Gewaltszenariums egozentrisch und einseitig. Die Wahrnehmungsverengung, die typisch für den konflikthaften Zustand ist, hat zur Folge, dass man nur einzelne Details an sich oder der Umgebung wahrnimmt. Die Emotionalisierung hat zudem zur Folge, dass die eigene Befindlichkeit in den Vordergrund rückt. Man kämpft mit der eigenen Angst oder wird aggressiv und sieht nur noch rot. Vielleicht beschäftigt man sich auch vor allem mit den eigenen Verletzungen. Man liegt am Boden und ist geschockt. »Als die Frau mich zu Boden schlug und auf mich einschlug war ich völlig perplex«, erzählte eine Zugbegleiterin. »Ich spürte den kalten Boden, den Dreck und nahm das gleißende Licht einer Lampe wahr, während die verrückte Frau auf mir saß und auf mich einschlug!« Solche Gewaltvorfälle werden zu einem *persönlichen* Ereignis, das aufwühlt, betroffen macht oder sogar traumatisiert. Man fühlt sich gedemütigt und in seiner Würde betroffen. Außenstehende können später noch so versichern, dass die Verletzungen gering sind und der

Angreifer gestört, einen Angriff erlebt man trotzdem als eine persönliche Katastrophe. Ein körperlicher Angriff auf die persönliche Integrität löst Scham und Beklemmung aus, objektiv über das Ereignis zu berichten, ist sehr schwierig. Man sieht nur noch Sympathisanten oder Ignoranten um sich, wenn man von seinem Vorfall berichtet. Oft reagieren Menschen, die sich während dem Vorfall im innersten Kreis befanden, *komplexhaft*. Der Vorfall wird automatisch mit einem persönlichen Thema oder einem vergangenen Ereignis assoziiert. Man erkennt im Angreifer eine Geringschätzung der Frauen, wie man sie beim Ex-Mann erfahren hat oder glaubt nun den Beweis faschistoider Gewalt vor sich zu haben.

Die Personen, die zum zweiten Kreis gehören, haben zum Vorfall eine nüchternere Einstellung. Natürlich fühlen sie sich auch betroffen, reagieren verärgert und verängstigt, doch im Gegensatz zu den Personen im inneren Kreis waren sie nicht unmittelbar und direkt betroffen. Sie haben vom Vorfall gehört von Personen, die ihnen bekannt sind. Interessanterweise können sie den Hergang des Vorfalls oft genauer schildern als die Personen des Mikrokreises. Bei Schulschießereien in den USA geben die Schüler und Schülerinnen, die am betreffenden Tag die Schule krankheitsbedingt oder weil sie schwänzten, nicht besuchten, den wahrheitsgetreueren Bericht vom Hergang der Schießerei als die Schüler des Mikrokreises. Dieses Phänomen kennt man von Kriegen: Die Soldaten, die hinter der Front lagen, konnten oft viel detaillierter und genauer von Schlachten erzählen als die Soldaten an der Front. Während die Frontsoldaten sich nur an Rauch, Lärm, unangenehme Gerüche, Anstrengungen, Verletzungen und die eigenen Ängste erinnern, können die Soldaten hinter der Front aus den Informationsfetzen, die sie erreichen, ein Gesamtbild herstellen. Da sie mit den Leuten des ersten Kreises liiert sind und sie persönlich kennen, können sie die Informationen auch gewichten. Sie erkennen den Persönlichkeitsfaktor in einer eigenen Aussage und können zwischen Aussagen und persönlichem Kommunikationsstil differenzieren. Wenn Bernd von einem fürchterlichen Lärm und unglaublichem Kopfweh berichtet, dann muss man alles um den Faktor 3 dividieren. Da Bernd zu Übertreibungen neigt und außerdem leicht hypochondrische Persönlichkeitszüge aufweist, kann man seine Berichte nicht ganz wörtlich nehmen. Personen des zweiten Kreises erkennen darum oft klarer, ob es sich um einen wirklich gravierenden Vorfall handelt oder nur um eine kollektive Hysterie. Bei der Abklärung eines Vorfalles oder einer Situationsanalyse sind sie darum unbedingt auch hinzuzuziehen.

Die Personen des dritten Kreises hatten vor dem Vorfall keinen oder nur einen losen Bezug zu den Personen des zweiten oder ersten Kreises. Sie kommen neu hinzu. Sie müssen sich aufgrund ihres Berufes oder ihrer Position mit dem Fall beschäftigen oder werden durch die Medien oder den Stadtteilsklatsch auf das Ereignis aufmerksam. Fast immer hat ein Vorfall an Dramatik gewonnen, wenn er beim dritten Kreis angekommen ist. »Ich möchte mit Ihnen über die Schlägerei reden, die Sie letzte Woche in der Schule mit einem Studenten hatten«, informierte mich der Rektor des Seminars, an dem ich einen Kurs für angehende Erzieher gab. Mit ernster Miene begrüßte er mich in seinem Sprechzimmer und eröffnete mir, dass er mit mir über den gravierenden Vorfall auf der Treppe reden müsse. Er fügte hinzu, dass er Schlägereien zwischen Lehrern und Studenten nicht dulde und man seine Studenten auf andere Weise disziplinieren müsse. Ich war ziemlich erstaunt über seine Vorwürfe, auch weil ich eigentlich nicht mit körperlicher Gewalt auf meine Studenten losgehe. Es zeigte sich jedoch rasch, dass seine Anschuldigungen auf Gerüchten beruhten. Vor einer Woche hatte mich ein Student laut angeschrien, nachdem ich eine Arbeit von ihm abgelehnt hatte. Das hatte sich im Korridor der Schule abgespielt, der Student war ganz außer sich gewesen. Die Szene war von anderen Studenten beobachtet und weitererzählt worden. In Kürze wurde aus dem heftigen Wortwechsel eine wüste Auseinandersetzung und dann schließlich ein Gewaltvorfall. Die Information war beim äußeren dritten Kreis angelangt und wurde den Gesetzmäßigkeiten entsprechend aufpoliert und dramatisiert.

Hat man mit manifesten Vorfällen zu tun, dann gehört die besonnene und vorurteilslose Aufklärung zu einer wichtigen Regel. Auch wenn man unter Druck steht, Schuldige finden muss oder einen der Vorfall entsetzt, müssen wir nüchtern bleiben und versuchen, zwischen Dichtung und Wahrheit zu unterscheiden. Gehören wir dem dritten Kreis an, ist Vorsicht geboten und man muss sich vor der Ansteckung der emotionalen Aufwallung hüten.

Schwierig ist zuweilen der Umgang mit den Medien. Medien haben eine immens wichtige Funktion bei der Aufdeckung von Gewaltvorfällen und Missständen. Sie müssen oft gegen Widerstände und Mauscheleien vorgehen. Vielfach beschönigen die direkt betroffenen Personen, wollen von der eigenen Mitschuld ablenken oder befürchten eine negative Publizität. Es gibt aber ein Recht der Bevölkerung auf Information. Tabus und vermeintliche Rücksichtnahme auf politische Correctness sind fehl am Platz, wenn es darum geht, über eine Schlägerei von Asylbewerbern während einer Afro-Party oder Banden aus Rumänien zu berichten. Das Problem bei den meisten Medien ist, dass sie anderen Regeln und Dynamiken folgen als die unmittelbar Betroffenen oder die Personen des zweiten Kreises. Es geht ihnen um Sensationen. Die meisten Leser oder Zuschauer wollen sich nicht vertieft und differenziert mit einem Thema auseinandersetzen, sondern eigene Vorurteile bestätigen, sich ein bisschen aufregen oder das Gefühl haben, gottseidank passiert mir das nicht. Reporter und Journalisten können beim besten Willen nicht lange Hintergrundsberichte senden oder differenzierte Analysen schreiben, sie müssen eine Story liefern, die Interesse weckt. Infotainement ist angesagt und nicht gescheite Abhandlungen. Medienmogule wie Robert Murdoch und Silvio Berlusconi hatten dies erkannt und vormals seriöse Zeitungen auf die Themen Sex and Crime reduziert. Wenn die Medien nach einem Gewaltvorfall anklopfen, dann müssen wir als direkt Betroffene, als Personen des zweiten Kreises oder als Fachpersonen reagieren. Für das Schulteam, vor allem die Schulleitung ist es wichtig, dass sie sich wappnet und vorher überlegt, wie sie mit den Medien und besorgten Eltern umgeht. Wie insgesamt reagiert wird, ist jedoch entscheidend.

»Können Sie uns etwas zum Brand dieses Asylzentrums sagen?«, fragt ein Reporter den Leiter des Einsatzcorps der Polizei. Im Hintergrund sieht man die Flammen lodern. »Das Zentrum wurde angezündet und brennt nun lichterloh! Wir verurteilen die Tat und klären ab, wer die Täter sind!« Eine solche Aussage kann nach einem Vorfall genügen. Vorsichtig müssen wir bei Vermutungen oder direkten Beschuldigungen sein, wie es leider beim Vorfall der angeblichen Massenvergewaltigung eines Mädchens durch ausländische Jugendliche in Zürich-Seefeld geschehen war.[72]

Als Journalist muss man sich auch bewusst sein, dass es immer wieder Jugendliche gibt, die die Medien manipulieren wollen. Sie merken, welche Erwartungen an sie gestellt werden und verhalten sich entsprechend. Von einer Gemeinde berichtete eine lokale Fernsehstation, dass es zu einem wüsten rassistischen Überfall gekommen sei. Ein schwarzer Jugendlicher sei vor dem Gemeindehaus niedergeschlagen worden. Der Film zeigte, wie zwei weiße Jugendliche auf den Schwarzen losgingen, ihn in einen Ecke jagten und auf ihn einschlugen. Der Bericht löste heftige Reaktionen in der Gemeinde aus. Es stellte sich jedoch heraus, dass die drei Jugendlichen den Vorfall inszeniert hatten, als sie den Wagen des Fernsehsenders sahen. Sie wussten, was die Presseleute interessierte und taten ihnen den Gefallen, eine Story zu liefern. In Wirklichkeit handelte es sich bei den drei Jugendlichen um enge Freunde.

Mobbing in der Schule

Wie alle Menschen zeichnen sich auch Jugendliche durch Ambivalenzen aus. Sie haben verschiedene Seelen in ihrer Brust, wollen das Eine, jedoch auch das Andere. Das Selbstbild setzt den Rahmen der erlaubten Motive und Wünsche. Motive, die sozial nicht akzeptiert sind, verschwinden jedoch nicht im Nirgendwo, sondern werden verdrängt. Da sie vom Ich nicht als Motive zugelassen werden, wirken sie im Unbewussten weiter. Um sich durchzusetzen, müssen Tricks und Verschleierungen eingesetzt werden; Bewusstsein oder Ich-Standpunkt dürfen nicht irritiert werden. Der Betreffende will weiter von der eigenen Redlichkeit und Ehrenhaftigkeit überzeugt sein, während er Intrigen schmiedet, Kollegen schlecht macht oder betrügt. Das Bewusstsein hat die Aufgabe, die Illusion eigener Gutartigkeit aufrecht zu erhalten, so dass wir des Nachts ruhig schlafen und unsere Aggressionen ohne schlechtes Gewissen ausleben können. Wie fast alle Menschen betonen auch die meisten Jugendlichen, dass sie Gewalt ablehnen und nicht gemein sein wollen. Sie geben sich als Menschenfreund. Gleichzeitig wirkt jedoch auch ein kleines Teufelchen in ihnen, das Missgunst säen möchte oder von Neid und Eifersucht getrieben ist. Wir sind nicht so edel, wie wir uns gerne bezeichnen. Vor allem scheinbar soziale Kreise haben inzwischen eine unglaubliche Virtuosität entwickelt, von den eigenen Schattenseiten abzulenken. Jugendliche stimmen in diese Haltung ein. Offene Gewalt wird nicht zugelassen; ist verpönt. Es würde bedeuten, dass man wirklich aggressiv ist und sogar als Täter beschimpft wird! Man müsste sich dann schämen oder wenigstens mit der eigenen Rolle im Vorfall auseinandersetzen. Raffinierter ist darum, wenn mehrdeutige Situationen ausgenützt werden und die eigenen Bösartigkeiten unter dem Deckmantel des Guten geschehen. Das eigene Selbstbild muss nicht in Frage gestellt werden. Scheinbar beachtet man die Umgangscodes, verhält sich anständig und kooperativ, doch untergründig verfolgt man düstere Ziele. Wenn Jugendliche eine Schule besuchen oder in einer Firma arbeiten, dann setzen die wenigsten offene Aggressionen oder Gewalt ein, wenn sie gegen einen Mitschüler losgehen oder einen Zwist ausfechten wollen. Die Methode der Wahl ist das *Mobbing*. Der Kontrahent, Feind, Gegenspieler oder die missliebige Schülerin wird mit Hilfe anerkannter Werte und Normen ausgegrenzt oder fertig gemacht.

Der Begriff Mobbing wurde durch den norwegischen Psychologen Dan Olweus bekannt.[73] Er bezieht sich auf *versteckte* Aggressionen. Unter Mobbing werden Ausschluss- und Diskriminierungsprozesse verstanden, die sich in Gruppen abspielen. Ein Mitglied wird systematisch geschnitten, ignoriert, schlecht gemacht oder aktiv ausgeschlossen. Bei Mobbing handelt es sich um *stille* Gewalt. Das unbedachte Auge sieht nichts und merkt nicht, dass jemand aus den eigenen Reihen angegriffen wird. »Geht es dir besser?«, fragt ein Lehrerkollege scheinbar empathisch zu Beginn einer Teamsitzung eine Kollegin. Oberflächlich betrachtet verhält er sich fürsorglich. Alle im Team wissen jedoch, dass die Kollegin mit einem Alkoholproblem kämpft. Dank der scheinbar empathischen Frage konnte man alle darauf hinweisen, dass die Kollegin das Problem immer noch nicht im Griff hat.[74]

Im Gegensatz zu den offenen Aggressionen wird den versteckten Aggressionen keine besondere Aufmerksamkeit gewidmet. Zeitungen und Fernsehen sind voll von Berichten über Schlägereien, Erpressungen und gemeine Attacken. Oft wird die Jugend sogar mit diesem Thema identifiziert, als würden die jungen Frauen und Männer ihren Alltag herumstreunend verbringen und nur Gewalt im Kopf haben. Vergessen wird, dass die Mehrheit der Jugend ihren Alltag in einer Institution verbringt. Die jungen Männer oder Frauen besuchen die Schule, absolvieren eine Ausbildung oder gehen einer Arbeit nach. Offene Gewalt ist fast nur in einem Kontext möglich, der *nicht* geregelt ist und in dem keine Codes und Verhaltensnormen gelten. Zu offener Gewalt kommt es bei Fußballmatches, beim Ausgehen am Abend oder auf Partys. Die Jugendlichen verbringen jedoch den größten Teil ihres Alltags nicht mit Freizeit, sondern auf einer Schulbank, in einem Arbeitsteam oder sie schuften in einer Bude. Dort ist nicht offene Gewalt das Thema, sondern die versteckten Gemeinheiten und Mobbing. Wie auch eine eigene Untersuchung in schwedischen und schweizerischen Schulen zeigte, leiden Jugendliche mehr unter Mobbing als unter offenen Gewaltattacken.[75] Mobbing ist das komplexere Thema und leider in jeder Schule wie auch jeder Firma verbreitet. Die meisten Schüler und Schülerinnen lernen rasch, wie man versteckt aggressiv vorgeht. In Schulen wird das Mobben dann jedoch meist als harmloser Scherz getarnt oder als unernste Tätigkeit bezeichnet. Eine Mitschülerin wird nicht mehr mit ihrem Namen angesprochen, sondern als Kürbis bezeichnet, lustig! Laut spricht man dann in Anwesenheit der Schülerin darüber, was man alles mit einem faulen Kürbis machen könnte; wegwerfen, zerschneiden, braten oder einfach liegen lassen, da er ja stinkt. Die Lehrerin fragt man während einer Lektion, was sie machen würde, wenn sie einen faulen Kürbis bekommt. Die Klasse ergötzt sich dann an der Antwort der Lehrerin. In den Ohren der Schüler und Schülerinnen bezieht sie sich natürlich auf die missliebige Mitschülerin. In einer anderen Schule gründet man einen Anti-Karin-Club der Mitschüler.

Alle Mitschüler, die gegen Karin sind, können dies per Unterschrift bezeugen, so dass alle wissen, dass sie definitiv die blödeste Schülerin aller Zeiten ist. Natürlich hat man nur Spaß gemacht!

Bei Mobbing werden oft auch subtile Ausschlussstrategien eingesetzt. Man meidet eine Klassenkameradin, weil sie angeblich stinkt. Niemand sitzt neben ihr, und wenn sie einen Stuhl benützt hat, dann muss er zuerst gereinigt werden, bevor er wieder gebraucht wird. Man verzieht das Gesicht, wenn ein missliebiger Mitschüler den Finger streckt oder macht Zeichen, um mitzuteilen, dass jeder Einsatz sich bei ihm nicht lohne. Informationen werden an diesen Klassenkameraden nicht weitergeben. »Was, du hast nicht gewusst, dass die Turnstunde ausfiel und wir stattdessen den zoologischen Garten besucht haben?«, kann man nachher behaupten und Betroffenheit mimen. Oft werden direktere Methoden eingesetzt.

Cyberbullying ist unter Jugendlichen verbreitet. Über Chat, Facebook, SMS oder Fotos auf dem Handy werden andere Jugendliche schlecht gemacht, desavouiert oder angeprangert. Konversationen über SMS oder die Internetchats wie Habbo oder Msn eskalieren und enden mit wüsten Beschimpfungen. »Du Hurensohn!« oder »Ich bring dich um!« wird geschrieben. Hinter dem Rücken eines Mitschülers setzt man anonym per Handy ein Gerücht in Umlauf, eine Mitschülerin wird per Handykamera in einer peinlichen Situation gefilmt oder man bringt aktiv jemanden aus der Klasse in eine entwürdigende, bloßstellende oder gewalttätige Situation, damit man ihn fotografieren kann. Intime Handlungen oder Details werden veröffentlicht, um die Reputation eines Mitschülers oder einer Mitschülerin zu zerstören oder man macht unter falschem Namen eine Mitschülerin über einen Chat fertig. In einer Berufsschule verbreiteten zwei Mädchen über ein gefälschtes Facebook das Gerücht, dass eine Mitschülerin eine Affäre mit einem bestimmten Lehrer habe, und in einer anderen Schule gaben drei Mädchen die Handynummer einer Klassenkameradin an, als es in einem Chatroom um sexuelle Dienste ging. Oft behaupten die Beteiligten anschließend, es sei alles nur aus Spaß geschehen. Sie werden von einer Konfliktdynamik erfasst, ohne bewusst zu realisieren, was sie auslösen oder bewirken.

Cyberbullying lebt von der Anonymität. In den virtuellen Räumen, die Chats, Facebook, oder Handymitteilungen ermöglichen, kann man die eigene Identität verstecken. Im Handy oder Telefon unterdrückt man den Namen des Absenders, das Facebook erstellt man unter einem fiktiven Namen und im Chat meldet man sich mit einem fremden Passwort an und kann im Namen einer fremden Person schimpfen und lästern.

Eigentlich gibt es nur zwei Antworten: Auf anonyme Beschuldigungen und Gerüchte wird nicht eingegangen und diskriminierende Fotos oder Filme werden sofort gelöscht oder man hebt die Anonymität auf. Strafanzeigen gegen unbekannt laufen oft ins Leere und sind wegen der Komplexität der elektronischen Informationskanäle nicht erfolgreich.

Ob ein Jugendlicher gemobbt wird, hängt nicht nur von seiner Persönlichkeit und seinem Verhalten ab, sondern auch von der Geschichte und der Dynamik der Gruppe. Mobbingopfer kann man aus verschiedenen Gründen werden. Die Schuld liegt weder immer bei der Klasse, noch ausschließlich beim Mobbingopfer. Bei Mobbing artet ein normaler sozialer Differenzierungsprozess aus. Eine Antipathie, ein Streit oder eine Beleidigung eskaliert und führt zu permanenten Plagen. Man kann drei Kategorien von Mobbingopfern unterscheiden.

Mobbing aufgrund einer ungünstigen Klassendynamik

Schulklassen müssen wir als Gruppen verstehen. Diese entwickeln ihre eigene Psychologie. Regeln und Normen etablieren und gruppenspezifische Dynamiken manifestieren sich. Das Gruppengeschehen ist oft nicht vom Willen der Einzelmitglieder abhängig, sondern wirkt als eine eigene Macht. Die Mitglieder der Gruppe lassen sich von einer autonomen Gruppendynamik beeinflussen. Sie haben ihr als einzelne Person wenig entgegenzusetzen, sondern folgen dem Gruppenskript. Zu Beginn eines Gruppenprozesses werden Rollen verteilt. Nach einer Phase des Abtastens, des Kennenlernens und der gegenseitigen Profilierung wird ein Schüler der Klassenclown, eine Schülerin zur Primadonna, eine andere zur Streberin und ein anderer Jugendlicher zum heimlichen Führer. Die Rollenverteilungen verhelfen der Schulklasse zu einer inneren Stabilität und einem spezifischen Profil. Wenn die einzelnen Schüler und Schülerinnen ein Profil haben, dann kann man sich in der Klasse besser orientieren und als Schüler seine Erwartungen, Bedürfnisse und Frustrationen abreagieren.

Wenn nun ein Jugendlicher nach Abschluss der ersten Gruppenprozesse zur Klasse stößt, kann es Probleme geben. Die Klasse hat sich als Gruppe konstituiert, die Rollen sind verteilt, der Klassenstil ist definiert und die Ausschlusskriterien sind festgelegt. Der neueintretende Jugendliche passt zunächst nicht in die Gruppenstruktur. Er stört und bedroht die interne Stabilität. Der Neue muss gemobbt werden, wenn einem die Gruppe oder Klasse wichtig ist. Es kommt zu Ausschlusshandlungen und Strafaktionen gegen das gruppenfremde Element. »Eine solche Frisur gibt es bei uns nicht!«, deklarierten die drei Mädchen. Entschlossen schritten sie auf die neue Klassenkameradin zu, umkreisten sie und auf Zeichen hin rieben sie ihr den Kaugummi, den sie vorher im

Mund hatten, in die Haare. Durch die kurze Aktion sollte ihr klar gemacht werden, dass der Emo-Haarstil nicht toleriert wird. Die Neue hatte unwissentlich einen Code der Klasse verletzt und wurde deswegen gemobbt. Es war nicht etwa eine persönliche Eigenart, die den Gruppenausschluss auslöste, sondern der Zeitpunkt des Eintritts in die Klasse. Für Kleidungsexperimente gab es keinen freien Platz und keinen Spielraum mehr. Oft sind es nebensächliche Eigenschaften, die die Akzeptanz in der neuen Klasse erschweren. Man kommt aus dem falschen Stadtteil, hegt nicht anerkannte Interessen oder spricht den falschen Jargon. Der Neue wird gemobbt, weil der Zusammenhalt der Klasse gestört wird oder einzelne Jugendliche um ihre Position bangen.

Mobbingdynamiken der ersten Kategorien sind beeinflussbar. Dank Interventionen Außenstehender und Arbeit mit der Klasse können die erstarrten Strukturen aufgebrochen und die Rollen neu verteilt werden. Hält man den Jugendlichen einen Spiegel der Dynamiken ihrer Klasse vor Augen und gibt ihnen eine Gelegenheit, sich neu zu definieren, kann es gelingen, dass ein Jugendlicher auch zu einem späteren Zeitpunkt akzeptiert wird. Wichtig ist jedoch, dass man den Jugendlichen seitens der Lehrerschaft Gespräche anbietet, in denen sie ihre Rollen und die Dynamiken in der Klasse reflektieren und bearbeiten können. Dies kann über Projekttage oder Interventionen geschehen, in denen man stundenweise mit der Schulklasse arbeitet.[76] Die Klasse ist oft damit überfordert, das Problem aus eigener Kraft zu lösen, sie braucht einen Anstoß oder Hilfe von außen. Sie möchte die interne Verteilung behalten oder hat Angst vor Destabilisierung, Rollen- und Freundschaftsverlust.

Die zweite Kategorie von Mobbingopfern stellt uns vor größere Herausforderungen. Es handelt sich um Kinder oder Jugendliche, die von der Klasse gemieden, die systematisch schlecht gemacht werden oder über die ein Bannspruch gefällt wurde. Die Situation in der Schule wird für sie oft unerträglich. Sie wissen nie, ob wieder mal ihre Jacke bespuckt wird, ihre Tasche verschwindet und ob alle das Gesichte verziehen, wenn sie strecken. Verständlicherweise haben wir Mitleid mit ihnen und möchten ihnen gerne beistehen. Die unerträgliche Situation muss enden. Der ›bösen‹ Klasse sollen die Leviten gelesen werden, mit der Klasse bespricht man das Problem, fordert sie auf, ihren Klassenkameraden zu akzeptieren. Bei dieser Kategorie von Mobbingopfern gibt es jedoch ein Problem: Wir können die Reaktionen und Verhaltensweisen nachvollziehen.

Der Junge hatte eine lange Mobbinggeschichte hinter sich. Schon in der Grundschule wurde er gemieden, hatte keine Freunde und wurde von Mitschülern gehänselt. Die Eltern führten die Aggressionen darauf zurück, dass sie als neu Zugezogene in der Gemeinde nicht akzeptiert wurden. Im Gymnasium setzte sich jedoch die Leidensgeschichte des Jungen fort. Auch dort wurde er abgelehnt. Man stellte ihm mit dem Fahrrad nach, überholte ihn und spuckte ihm ins Gesicht. Seine Schulbücher wurden zerstört und wenn man ihm begegnete, verzog man das Gesicht. Die Eltern und die Schulleitung waren entsetzt. Schließlich schickte man den Jungen zur mir. Die Erwartung war, dass ich die Hintergründe seiner Mobbinggeschichte abkläre und ihm helfe, sich zu wehren. Ich empfing den vierzehnjährigen Jungen in meinem Sprechzimmer und sprach ihn sogleich auf seine missliche Situation an. Ich versuchte mit ihm in Kontakt zu kommen. Nach einer Viertelstunde hatte er mich dermaßen verärgert, dass ich ihn eigentlich am liebsten vor die Tür gesetzt hätte. Eine solche Handlung geziemt sich jedoch nicht für einen Psychologen und ich überlegte mir, *was* an ihm solche ablehnenden Emotionen auslöst. Es gab ein paar Gründe. Auf meine Eingangsfrage, wieso er denke, dass er gemobbt werde, antwortete er: Der Grund sei klar. Er sei einfach *viel* intelligenter als alle anderen! Er gab mir zu verstehen, dass er meine Frage ziemlich doof und als unintelligent empfand. Ich versuchte trotzdem mit ihm ins Gespräch zu kommen. Meine Worte prallten jedoch an ihm ab, er schaute mir nicht in die Augen, sondern suchte gelangweilt mein Sprechzimmer mit seinen Blicken nach etwas Interessanterem als mich ab. Als ich für einen kurzen Moment wegblickte und ihm danach meinen Kopf wieder zuwandte, war ich bas erstaunt: Der Junge hatte seine Schuhe ausgezogen und streckte mir provokativ seine Füße entgegen. Mir war klar, wieso er immer wieder gemobbt wird.

Jugendliche, die zur zweiten Kategorie der Mobbingopfer gehören, werden ausgegrenzt, weil sie in ihrem Verhalten oder ihrer Persönlichkeit auffällig sind. Die Reaktion der Schulklasse oder Gruppen ist nachvollziehbar. Das Verhalten des Schülers oder der Schülerin irritiert, ist grob auffällig und einfach nicht gruppenkonform. Die Klasse wehrt den Mitschüler oder die Mitschülerin ab, weil sie instinktiv merkt, dass etwas mit ihm oder ihr nicht stimmt. Eigentlich handelt es sich bei diesem Mobben nicht um ein Fehlverhalten, sondern um eine nachvollziehbare Ausschlussreaktion. Das bizarre, arrogante oder selbstherrliche Verhalten ihres Mitschülers *überfordert* die anderen Schüler und Schülerinnen. Oft geht es um Normverletzungen, die man als Lehrer fast nicht bemerkt. Ein Schüler wurde von seinen Klassenkameraden gemobbt, weil er ihnen permanent zu nahe trat. Er drängte sich ihnen körperlich auf. Er realisierte nicht, dass man im Umgang mit anderen einen bestimmten Abstand wahrt. Eine Jugendliche einer Klasse mit pubertierenden Schülerinnen wurde von den Mädchen abgelehnt, weil sie öfters während der Schulstunden ihre Hand in ihre Hose schob, sie in ihr Geschlechtsteil steckte und nachher an ihrer Hand roch oder sie sogar abschleckte. Verständlicherweise löst solches Benehmen Irritationen aus. Es gibt jedoch extremere Fälle: In einer Oberstufe im Kanton

Fribourg wurde ein Jugendlicher systematisch von seinen Mitschülern gemieden. Über die Gründe tappte man im Dunkeln. Nach einem Schulbesuch wurde mir jedoch klar, was vor sich ging. Der Junge stand vor mir, glotzte in die Weite und hielt eine Papiertüte in den Händen. Von Zeit zu Zeit griff er mit seiner Hand in die Tüte und holte etwas hervor, das sofort in seinem Mund verschwand. Er liebte es, als Zwischenverpflegung Fliegen zu verspeisen.

Als Lehrer oder Jugendarbeiter steht man bei solchen Jugendlichen vor großen Herausforderungen. Man versteht die Reaktion der Klasse und teilt vielleicht sogar die Bedenken, die dem Jugendlichen entgegengebracht werden. Man reagiert auch irritiert und möchte sich eigentlich distanzieren. Gleichzeitig weiß man jedoch, dass dies *keine* Option ist und man sein Bestes tun muss, ihm zu helfen. Es hilft jedoch nicht, dem Betreffenden vorzugeben, dass man ihn selber schätzt und so zu tun, als würde man das Verhalten der Klasse nicht verstehen. Der gemobbte Jugendliche merkt, dass man unehrlich ist. Man muss zu den eigenen Reaktionen und Empfindungen stehen, wenn man einem Mobbingopfer helfen möchte. Die Situation darf darum nicht beschönigt werden. Gleichzeitig muss das Mobbingopfer merken, dass man ihn oder sie nicht als Mensch ablehnt. Es geht um ein Problem, das man *gemeinsam* angeht. Die eigenen negativen Gefühle gilt es, mit dem Gesamtkontext in Verbindung zu setzen und nicht auf die Persönlichkeit des Jugendlichen zurückzuführen. Es gilt, dem Jugendlichen genau zu erläutern, *wieso* seine Kameraden negativ reagieren und was *sein* Anteil ist. Gleichzeitig kann mit der Klasse gearbeitet werden und nach einer Öffnung in der Mauer der Ablehnung gesucht werden. Für die ablehnenden Gefühle gilt es Verständnis aufzubringen, ohne sie zu akzeptieren. Unsere Haltung sollte sein, dass in Schulklassen verschiedene Persönlichkeiten Platz haben sollten. Differenzen und Auseinandersetzungen müssen möglich sein. Man muss sich nicht gern haben. Klassen sind keine Wohlfühlvereine, sondern Zwangsgemeinschaften. Dies bedeutet auch, dass Spannungen, Streitigkeiten und Antipathien erlaubt sind. Man ist zusammen, weil man ein gemeinsames Ziel verfolgt und nicht weil man sich versteht. Mit den Schülern und Schülerinnen arbeitet man an einer Klassengemeinschaft, in der unterschiedliche Persönlichkeiten kooperieren, sich zeitweise meiden, jedoch immer respektieren. Heterogenität bedeutet, dass man auch Mitschülerinnen und Mitschüler akzeptiert, die sich in den Augen der anderen sonderbar verhalten.

Die dritte Kategorie bezieht sich auf Jugendliche, die von ihrem Mobbingstatus profitieren. Sie erhoffen sich durch ihn einen persönlichen Vorteil. Von den Klassenkameradinnen oder Klassenkameraden gemieden zu werden oder als Sonderling bezeichnet zu werden, vermittelt einen speziellen, oft narzisstischen Lustgewinn. »Niemand versteht mich!« wird zu ihrem persönlichen Leitmotto. Solche Kinder oder Jugendliche versuchen Situationen zu provozieren, die ihren Mobbingstatus bestätigen. »Komm! Setz dich doch zu uns! Wir können gut ein bisschen zur Seite rücken!«, rief ein Schüler einem Jungen zu. Statt der Aufforderung nachzukommen und mit seinen Kameraden auf der langen Bank Platz zu nehmen, blieb er alleine und beleidigt auf dem Boden der Turnhalle sitzen. Er wollte sich als Person inszenieren, die von den anderen Menschen *nicht* verstanden wird und die ein außerordentliches Schicksal zu tragen hat.

Das Mobbingargument wird von Jugendlichen oft auch als Waffe eingesetzt. Wenn Anforderungen gestellt werden oder um von eigenen Unzulänglichkeiten abzulenken, wird behauptet, dass man gemobbt wird. Da Behörden, Eltern, Psychologen und Anwälte für dieses Thema sensibilisiert sind, kann es funktionieren. Will oder kann man in einem Lehrbetrieb seine Leistungen nicht erbringen, konstruiert man rechtzeitig einen Mobbingvorwurf. »Der Chef will mich loswerden, darum gibt er mir extra Aufträge, die ich nicht erledigen kann und erfindet Fehler.«[77]

Maßnahmen gegen Mobbing

Schulen sind *halbchaotische* Institutionen. Im Gegensatz zu Firmen, staatlichen Arbeitsstellen oder einem losen Arbeitsteam können sie nicht entscheiden, *wen* sie aufnehmen wollen. Jedes Kind oder jeder Jugendliche hat ein Anrecht auf Schulunterricht.

Die Kehrseite der Offenheit der Schule ist ihre *große Heterogenität*. In der Schule treffen nicht nur verschiedene soziale Schichten aufeinander, sondern auch unterschiedliche Charaktere, Interessen und kulturelle Prägungen. Ein Schüler mit einem hohen Aggressionspotential sitzt neben einem schüchternen Eigenbrötler, oder eine strebsame, angepasste Schülerin muss mit einer Klatschtante zusammenarbeiten.

Aus einer zwangsweise zusammengesetzten Gruppe von Schülern und Schülerinnen eine Gemeinschaft zu bilden, kann für Lehrer zu einer gewaltig anspruchsvollen Aufgabe werden. Man kann die Kinder oder Jugendlichen nicht einfach durch schöne Leitbilder oder Rollenspiele zu einer Gemeinschaft zusammenschweißen, sondern dazu braucht es mehr. Mobbing ist oft eine Folge unrealistischer Vorstellungen von den Möglichkeiten einer Schulgemeinschaft. Die fast zwanghafte Fixierung auf Gruppenunterricht, Teamarbeit oder Eigenständigkeit überfordert viele Kinder und Jugendliche. Nicht in jeder Schulklasse ist es möglich, dass der Schüler zu seinem eigenen Lernmanager wird, die Unterrichtsziele selber festlegt und die Lehrer im Hintergrund als Coach oder Mentor wirken, sondern die meisten schulischen Gemeinschaften brauchen eine *Führung*. Eine erwachsene Person muss sich den Jugendlichen als Leitperson oder Oberbandenführer präsentieren. Sie muss vor der Klasse stehen, Erwartungen formulieren und sich als Identifikationsfigur der Werte der Schulgemeinschaft anbieten. Führung übernehmen heißt auch, in Phasen des Frontalunterrichts den Kindern oder Jugendlichen eine Möglichkeit der kollektiven Einstimmung auf die Gemeinschaft zu bieten. Wenn ein Lehrer vor einer Gruppe Kinder oder Jugendlicher steht und sie auffordert, die Aufmerksamkeit auf ihn zu lenken, dann stellen sich die Jugendlichen auf das Kollektiv ein, ohne dass sich individuelle Differenzen manifestieren. Die Klasse oder Schule erlebt sich als Gemeinschaft in der Ausrichtung auf die Lehrer und muss sich nicht über Teamarbeit, Gruppenarbeiten oder individuelle Arbeit selber definieren. Die halb-chaotische Qualität, die die Heterogenität der Schule zur Folge hat, verlangt auch nach einer kollektiven Disziplinierung durch eine erwachsene Leitperson und nicht nur nach einem Bündel von individuellen Förderungsmaßnahmen.

»Wir sind eine Gemeinschaft und helfen einander!« »Wir empfinden die Vielfalt der Persönlichkeiten als Reichtum!« »Wir pflegen eine offene Kommunikation!« Liest man die Leitsätze von Schulen, dann kann es einen schaudern. Sicher sind sie ehrlich gemeint, doch ihre idealtypische Ausrichtung ist problematisch. Natürlich wäre es schön, wenn man die Vielfalt der Persönlichkeiten als Reichtum empfinden würde und offen kommunizierte, doch dies entspricht nicht der Realität des Lebens. Die Schüler erleben im Kontakt zu Gleichaltrigen Differenzen und können oft nichts miteinander anfangen. Zudem erleben sie oft das Verhalten der Lehrer auch als unehrlich, fies und befremdend. Während wunderbare Leitsprüche aufgeschrieben werden, sind die Schüler und Schülerinnen mit den harten Realitäten des menschlichen Daseins konfrontiert. Sie merken, dass ihre Toleranz Grenzen hat, dass sie gewisse Mitschüler nie verstehen werden und Vertrauen nicht immer gut ist. Vielfach müssen sie sich schützen und von den anderen distanzieren, damit sie nicht verletzt oder aggressiv werden. Sie wissen, dass es sich bei den Leitsätzen um *Propaganda* handelt, der man aus taktischen Gründen zustimmt, die jedoch wenig mit dem Schulleben zu tun hat. Sie merken, dass in ihrer Schulklasse auch ausgegrenzt wird, man sich gegenseitig nicht versteht oder keine zwei Sekunden zusammen sein kann. Diese Erfahrungen stehen jedoch oft in Kontrast zu den pädagogischen Leitmottos und den offiziellen Zielen der Schule. Wenn die Erlebnisse der Schüler durch die Lehrerschaft tabuisiert werden, dann gibt es jedoch ein Problem. Die Ausrichtung auf Ideale führt zu einer *Abspaltung* der problematischen Verhaltensweisen und Erlebnisse. Die Schattenmotive werden nicht anerkannt; die Folge ist Neid, Eifersucht, Aggressionslust, Heuchelei oder Eitelkeit. Es gibt Menschen, die versteht man auch mit Hilfe des besten Kommunikationstrainings nicht, und oft ist es besser zu schweigen, als ›offen‹ zu kommunizieren. Schulen sind keine Gemeinschaften, in denen sich alle gern haben und stützen, sondern in denen auch Konkurrenz- und Hierarchiekämpfe stattfinden. Wenn diese Verhaltensweisen nicht als natürlich anerkannt werden, dann werden die Schüler und Schülerinnen in der Auseinandersetzung mit Schattenthemen allein gelassen. Gewalt und Mobbing können die Folgen sein. Die Schülerschaft bringt durch ihre Verhaltensweisen unterdrückte Themen wieder aufs Tapet. Statt also lebensfremde Leitsätze aufzustellen, sollte die Lehrerschaft die Situation, in der sich die Schüler und Schülerinnen befinden, ehrlich und offen umkreisen. »Ihr seid nun in der Schule, einer Zwangsgemeinschaft. Niemand hat euch gefragt, ob ihr die Schule besuchen wollt, doch die Gesellschaft will es so. Ihr werdet Freundschaften schließen, doch auch Kollegen antreffen, die ihr hasst, schlagen oder aus der Schule ausschließen möchtet. Ihre werdet uns Lehrer schätzen, doch zwischendurch auch ablehnen und als ungerecht empfinden. Ihr werdet schöne Erlebnisse haben, doch es wird auch viel gelogen, gestritten werden, und einige von euch werden Mühe haben, akzeptiert zu werden. Wir möchten jedoch nun versuchen, das Beste aus der Situation zu machen!« Eine solche Einführung wäre aus psychologischer Sicht vernünftiger als wunderbare Vorsätze.

Strafen

»Gegen Jugendgewalt hilft nur eines: harte und unbedingte Strafen! Wenn die Jugendlichen wissen, dass Gewalttaten einen Gefängnisaufenthalt nach sich ziehen, dann werden sie es sich zweimal überlegen, bevor sie zuschlagen!« Der Ruf nach harten Strafen ist verständlich. Er drückt ein archaisches Bedürfnis nach Rache und Vergeltung aus. Viele Gewalttaten rufen in uns Entsetzen hervor. Es darf einfach nicht sein, dass ein vierzigjähriger Vater in einer U-Bahn von Jugendlichen vor seinem Sohn bewusstlos geschlagen wird, so dass er bleibende Schäden haben wird. Solche Vorfälle sind inakzeptabel und rufen in uns Abscheu hervor. Wir werden wütend und fordern, dass die Täter die ganze Härte des Gesetzes spüren müssen. Jugendgewalt zu verhindern muss eine Aufgabe der Gesellschaft sein. Leider gibt es jedoch keine einfachen Lösungen. Der Ruf nach harten Strafen ist auch Resultat unserer Frustration, dass wir Gewalt nicht verbannen können. »Aggressionen muss man einfach gesetzlich verbieten«, schlug ein Podiumsteilnehmer an einer Veranstaltung in Deutschland vor. Die Vorstellung ist, dass der Staat es eigentlich in der Hand hätte, durch ein rigoroses Durchgreifen Jugendgewalt einzudämmen. Wenn man sich jedoch nüchtern und detailliert mit dem Thema Jugendstrafen befasst, dann ergibt sich ein komplexeres Bild.

Harte Jugendstrafen werden gefordert, um Jugendliche von Gewalt abzuhalten. Den potentiellen Straftätern soll durch das Strafmaß Schrecken eingejagt werden. Die Hoffnung ist, dass sich die Jugendlichen aus Furcht vor einem Gefängnisaufenthalt benehmen. Harte Strafen werden als eine generalpräventive Maßnahme gegen Gewalt verstanden. Der Staat setzt ein deutliches Zeichen. Die Abschreckung wirkt jedoch nur, wenn die Jugendlichen realisieren, dass ihr Verhalten eine Strafe zur Folge haben könnte. Sie müssen einen Zusammenhang zwischen ihren Aktionen und einer möglichen Strafe sehen. Leider ist dies bei den meisten potentiellen Gewalttätern nicht der Fall. Die Argumente der Erwachsenenwelt werden von den Jugendlichen gar nicht wahrgenommen. Strafen sind für sie etwas *Abstraktes*. Was ein Gefängnisaufenthalt bedeutet, übersteigt ihr Vorstellungsvermögen. Sie haben keine Ahnung, was es heißt, in einem Gefängnis zu schmoren und wertvolle Lebensjahre in Unfreiheit zu verbringen. Zudem sind sie überzeugt, dass es sie niemals treffen wird. Sie meinen, sie seien schlauer, raffinierter und geschickter als die Polizei und ihr Delikt sowieso nur eine Bagatelle. Sie leben in einer Welt, die keinen Bezug zur Lebenswirklichkeit der Erwachsenen hat. Wird ein Kamerad verurteilt, hat er etwas falsch gemacht oder es ist einfach dumm gelaufen. Den meisten Gewalttätern fehlt außerdem das Unrechtsbewusstsein. Aus ihrer Sicht waren sie gar nicht gewalttätig, sondern sie haben sich nur gewehrt, einen Rassisten bekämpft oder auf eine Provokation reagiert. Sie haben Mühe, ihren Anteil oder ihre Schuld zu erkennen. Dazu kommt, dass die meisten jugendlichen Gewalttäter den Gewaltakt nicht planten, sondern er geschah spontan. Sie rutschen aus Dummheit oder auf der Suche nach dem Kick in eine Gewaltszene hinein, kommen durch Alkoholgenuss auf dumme Gedanken oder haben ihre Emotionen nicht im Griff.

Ein weiteres Problem ist, dass Gefängnis bei vielen Jugendlichen nicht als negativ bewertet wird. Kontakt mit der Polizei und eine Haft durchzustehen, gilt in den Augen der Jugendlichen als *heroischer* Akt. Bei ihren Freunden gelten sie dann als Helden. Die Strafe ist der Beweis, dass man ein harter Junge oder Rebell ist. Die Strafe wird zu einem Beweis der Eigenständigkeit und des Muts. Man hat es dieser »Scheißgesellschaft« gezeigt und erreicht, dass die Erwachsenen einen fürchten! Die Strafe wird zu einem Heldenakt[78], nun gehört man wirklich zur Szene. Man ist ein Umstürzler, Kontrahent und nicht ein braves Bübchen. Natürlich wird verschwiegen, wie man sich *wirklich* während der Haft verhalten hat. Großmäulerisch wird geschildert, wie man cool blieb, die Polizei foppte und ärgerte. Man unterschlägt, dass man geweint, Mitgefangene angeschwärzt und wie ein Lämmlein die Anweisungen der Polizei umgesetzt hat. Einen Gefängnisaufenthalt hinter sich zu haben, gehört zum Untergrundmythos, dem viele Jugendliche erliegen. Sie sehen sich als Straßenkämpfer, Stadt-Guerilla oder Mega-Gangsta. Auseinandersetzungen mit der Polizei und gelegentliche Inhaftierungen gehören zu einem Mythos, in dem man einen Gegner des Establishments und eine Person einer neuen Epoche verkörpert. Man hat eine Heldenreise in die Unterwelt gewagt.[79]

Auch wenn sie keine abschreckende Wirkung haben und die Jugendlichen in ihrer Szene zu Helden aufsteigen, sind Strafen notwendig. Durch die Strafen wird ein Zeichen gesetzt und ein negatives Verhalten geahndet. Durch Strafen wird die Rechtsordnung eines Landes präsent. Sie sind die Antwort des Staates auf Gesetzesübertretungen und grobe Vergehen. Dem Bürger wird kommuniziert, dass der Staat sich um Recht und Ordnung kümmert und nicht jeder tun und lassen kann, wie ihm beliebt. Doch weil viele Jugendliche auf der Selbstsuche sind, dürfen Strafen nicht die *einzige* Antwort auf Gewalttaten sein. Gewalttäter einsperren kann aus Gründen der öffentlichen Sicherheit notwendig sein; nicht bei jedem Jugendlichen machen Gefängnisaufenthalte jedoch Sinn. Die Gefahr besteht, dass sie die Strafe zwar absitzen, doch ihre Haltung nicht ändern. Die Strafe erledigen sie im Rahmen eines oberflächlichen Anpassungsaktes. Die Strafe löst keine Verhaltens- oder Einsichtsänderung aus. Damit sie sich von der Gewaltszene distanzieren und ihr Fehlverhalten reflektieren, müssen sie sich mit sich selber auseinandersetzen und wirklich zur Einsicht kommen, dass dies kein Weg ist, sich im privaten Leben durchzusetzen.

Integration gewalttätiger Ausländer

Es war schwierig, mit dem vierzehnjährigen Jungen Kontakt aufzunehmen. Er war nicht sehr gesprächig. Auf meine Fragen antwortete er einsilbig und meinem Blickkontakt wich er aus. Er wurde zu mir geschickt, weil er in der Schule aggressive Ausbrüche hatte. In der dritten Stunde deutete er schließlich an, dass er gerne zeichne. Ich bat ihn, mir doch ein oder zwei seiner Zeichnungen zu zeigen. In der nächsten Stunde erschien er tatsächlich mit einem großen Couvert, in dem er eigene Zeichnungen aufbewahrt hatte. Ich durfte sie mir ansehen und war erstaunt über seine Szenen: Es handelte sich um Schlachtenbilder der alten Eidgenossen. In einem Bild stellte er die Innerschweizer dar, wie sie die habsburgischen Ritter bei der Schlacht am Morgarten in den Ägerisee drängten. »Die waren schön erstaunt!«, fügte er stolz hinzu. In seiner Freizeit fantasierte er über die Taten der alten Eidgenossen. Er stellte sich die Schwertkämpfe der Ritter vor und malte Innerschweizer mit ihren Hellebarden. Das Erstaunliche bei diesem Jungen war: Er stammte aus Jamaika, war schwarz und lebte erst seit sechs Jahren in der Schweiz.

Jugendgewalt wird oft als Ausländerproblem aufgefasst. Da ausländische Jugendliche häufiger in den Kriminalstatistiken auftauchen, wird es als Integrationsproblem verstanden. Die Forderung wird laut, dass man sie hart anfassen soll, wenn sie gewalttätig werden. Vorstellungen von hyperaggressiven Albanern oder unangepassten Afrikanern tauchen auf. Sind Ausländer gewalttätiger?

Wie an anderer Stelle erwähnt, zeichnen sich Kulturen durch je eigene Wertvorstellungen und Codes aus. Diese sind in jenem Territorium gültig, auf das sich die jeweilige Kultur oder Nation stützt. Die meisten Kulturen verfügen über einen Lebensraum, für den sie verantwortlich sind. Wie man miteinander umgeht, welche Verhaltenscodes den Umgang regeln, welche Einstellung man zum Staat hat und wie die Geschlechter ihren Kontakt gestalten, wird durch das jeweilige Kollektiv festgelegt.

Jugendliche, die aus fremden Kulturen einwandern, tasten den Außenraum nach relevanten Symbolen und Geschichten ab. Während der Privatraum immer noch durch die heimische Kultur geprägt wird, sind die öffentlichen Räume und der Staat fremd. Man will darum erfahren, was eigentlich die Schweiz, Deutschland oder Österreich ausmacht. Stehen diese Menschen überhaupt für etwas ein? Welche Geschichten gibt es? Für viele ausländische Jugendliche ist die Kultur ihres Gastlandes *nicht* präsent. Zuhause laufen Fernsehkanäle aus Anatolien oder Mazedonien, man begeht die Familienfeste nach srilankesischen Sitten und liest Zeitungen aus dem Maghreb. Das Land, aus dem sie stammen, ist weit entfernt, und vertiefte Kontakte zum Gastland gibt es selten. Von offiziellen Stellen werden sie oft in einer Sprache angesprochen, die die Bewohner des Landes ungern gebrauchen und nur einsetzen, um sich abzugrenzen. Viele haben den Eindruck, dass die heimischen Bürger sich verstecken, ihre Haltungen und Werte nicht zeigen und sie in einem Ghetto leben. Durch die Isolation und mangelnde Auseinandersetzung mit der heimischen Kultur kann es zu Extremreaktionen kommen: »Muslime werden euch unterwandern und schlussendlich auch beherrschen!«, ist der sechzehnjährige Kosovare überzeugt. Seine

Kindheit hat er in Bern verbracht und spricht einen breiten bernerdeutschen Dialekt.

Kulturen definieren auch die Handhabung der Aggression. Was als Beleidigung gilt, wann man sich wehren darf oder wie man als Mann im öffentlichen Raum auftritt, wird oft durch die Codes der Gesellschaft definiert, der man angehört. »Ich musste mich doch wehren, er hat meine Familie beleidigt!«, schreit mich ein albanischer Jugendlicher an, und bei einem irakischen Jugendlichen merke ich, dass er Lehrer, die zugänglich und kooperativ auftreten, als Memmen empfindet. Da ihn seine Umgebung fremd ist, projiziert er seine eigene Kultur auf den Außenraum. Anscheinend ist es in seinem Land üblich, dass Lehrer Schüler anschreien und sogar schlagen.

Damit ausländische Jugendliche sich in unserer Kultur zurechtfinden, sich integrieren und nicht über Gewalt profilieren, müssen wir ihnen unsere Werte, Geschichten und Mythen präsentieren. Dies klingt altväterlich. Die Assimilation in die heimische Kultur geschieht jedoch nicht nur über Wissen oder die Vermittlung von Regeln und Kompetenzen, sondern es handelt sich auch um einen emotionalen Prozess. Heimisch fühlt man sich, wenn die Umgebung eine Bedeutung bekommt und man in ihre Geschichten eintauchen kann. In der Schweiz sind dann die Berge nicht mehr nur große, unnütze Geröllhalden, sondern werden mit den Eidgenossen, mit Handel oder sogar dem Gotthardmythos assoziiert. Multikulturalität und Toleranz genügen nicht, sondern Schulen haben auch die Aufgabe, auf die eigenen kulturellen Werte hinzuweisen und die hier gültigen Haltungen zu vertreten.

Die große, hässliche Betonwand störte schon lange. Sie war von weit her sichtbar. Die Lehrerschaft beschloss, dass man sie übermalen sollte, und stellte bei der Schulkommission einen Antrag auf eine Verschönerung dieser Außenwand des

Schulhauses, die den Pausenhof abgrenzte. Man einigte sich darauf, unter der Schülerschaft eine Umfrage zu machen, wie diese hässliche Betonwand zu gestalten sei. Unter den über 50 % ausländischen Schülern und Schülerinnen entstand eine lebhafte Diskussion. Schließlich wollte die Mehrheit der Schüler und Schülerinnen, dass ein großes Schweizerkreuz auf die Betonwand gemalt werden sollte. Lehrerschaft und Schulkommission reagierte konsterniert. Einwände wurden erhoben: das ginge doch nicht. Man befürchtete, als rassistisch oder chauvinistisch angesehen zu werden. Schließlich, nach langen Diskussionen mit der Schülerschaft, entschloss man sich, die Betonwand mit den Fahnen aller Nationen, die im Schulhaus vertreten sind, zu bemalen. Die Schülerschaft hatte für etwas anderes votiert und der Lehrerschaft ein Signal gegeben, ihnen ihre unmittelbare Umgebung näher zu bringen.

7. Wie lässt sich Jugendgewalt verhindern?

Leitsätze wirksamer Gewaltprävention

Die Gewaltpräventionsarbeit ist aus verschiedenen Gründen schwierig. Menschliches Verhalten ist *multifaktoriell* bedingt. Unsere Verhaltensweisen und Entscheidungen lassen sich auf verschiedene Ursachen zurückführen. Es gibt strukturelle, soziologische, situative, historische, kulturelle, genetische, neurologische und hormonelle Gründe wieso wir etwas tun. Gewalt kann also durch eine Vielzahl von Gründen ausgelöst werden. Bei der Präventionsarbeit muss man an alle denken. Es wird jedoch noch komplizierter: Hinter einem Gewaltakt verbirgt sich nicht immer ein Grund! Der Gewaltakt kann auch *Selbstzweck* sein: die Suche nach Spannung, der Kick, ein Initiationserlebnis oder Gewalt an sich wird gesucht. Gewalt ist nicht nur die Folge einer problematischen Situation, sondern ist auch *gewollt*. Wie wollen Sie vorgehen, wenn der oder die Betreffende das Gewaltereignis herbeisehnt? Da der Hintergrund der Gewalt *komplex* ist, ist die primäre Präventionsarbeit schwierig. Bei so vielen Zusammenhängen ist es kaum möglich vorauszusagen, welche generelle Maßnahme Jugendgewalt verhindert. Bei der universellen Präventionsarbeit muss sich nur *eine* Situations-, Kontext- oder Zeitvariable verändern, um ein stabile Situation in eine gewalttätige zu verwandeln.

Horrorklasse! So wurde es in den Zeitungen berichtet. In einer Schulklasse hatte die Gewalt gegen die Lehrer ein unerträgliches Ausmaß angenommen. Sie wurden von den Jugendlichen angepöbelt, aus dem Klassenzimmer ausgesperrt und ihre Anweisungen wurden ignoriert. Die Klasse war nicht mehr zu unterrichten. Die Jugendlichen seien hyperaggressiv, dissozial und die Lehrer traumatisiert, konstatierte die Schulbehörde. Pressekonferenzen, Fernsehsendungen waren die Folge und natürlich meldeten sich Dutzende von Gewaltexperten, die wussten, was man hätte tun müssen. Beklagt wurden verantwortungslose Eltern, der Einfluss der Mediengewalt und das Problem der Integration von Ausländern. Nach zwei Monaten hatte sich die Klasse beruhigt und die Jugendlichen kooperierten mit ihren Lehrern. Das Thema verschwand aus der Öffentlichkeit. Es stellte sich heraus, dass die Jungen und Mädchen dieser Klasse nicht grundsätzlich aggressiver waren als andere Jugendliche. Sie hatten nur auf den häufigen Lehrerwechsel reagiert, den sie erfahren mussten. Alle zwei, drei Monate erschienen eine oder sogar zwei neue Lehrer. Die Klasse hatte genug vom ewigen Wechsel und begann zu revoltieren. Verständlicherweise wollten sie sich nicht immer wieder an neue Lehrer gewöhnen müssen. *Eine* Variable hatte sich verändert und eine normale Schulklasse in eine aggressive Horde verwandelt.

Die schulische Präventionsarbeit will Eigenschaften fördern, die Gewalt verhindert, und Verhaltensweisen bearbeiten, die bei Konflikten zur Eskalation führen könnten. Man geht davon aus, dass mangelnde Empathiefähigkeit,[80] eine schwache Informationsverarbeitungskompetenz,[81] fehlende Impulskontrolle oder ungenügende Kenntnis von Konfliktstrategien die Wahrscheinlichkeit von Gewalt erhöhen. Jugendgewalt führt man auf Defizite der Persönlichkeiten der Beteiligten zurück. Gewalt wird als Ausdruck einer Persönlichkeitsstörung oder als Zeichen der Dissozialität verstanden. Schulische Gewaltpräventionsprogramme wie »Fast-track«,[82] »Faustlos« oder »Fit und Stark fürs Leben« wollen diese Mängel beheben. Sie haben zum Ziel, *Lernprozesse* beim Wissen, dem Können und den Emotionen zu initiieren.[83] Man hofft, dass Schüler und

Schülerinnen fähiger werden, Konfliktsituationen zu entschärfen und lernen, gewaltlos zu kommunizieren. Schulische Gewaltpräventionsprogramme setzen bei den *Lebenskompetenzen* der Kinder und Jugendlichen an. Es geht um personale Fähigkeiten. Gearbeitet wird vor allem mit interaktiven Methoden. In Rollenspielen sollen die Empathiefähigkeit, die Fähigkeit, Gefühle zu erkennen oder die Problemlösungsfähigkeit gefördert werden. Es werden Medien, Puppenspiele, Gruppenaktivitäten, Wissensblöcke und Trainingssequenzen eingesetzt, damit die Kinder oder Jugendlichen über bessere Verhaltensalternativen (Soft-skills) verfügen. Die Meisten dieser Programme setzen ausschließlich bei den Kinder oder Jugendlichen an.[84] Lehrer werden trainiert, wie sie mit ihren Klassen arbeiten sollen oder Experten führen die Programme durch. Die Promotoren von Programmen, die im akademischen Milieu entwickelt wurden, pochen auf »evidence based«. Die Effektivität sei wissenschaftlich untermauert.

Das Problem dieser Programme ist jedoch, dass sie Verhaltensweisen problematisieren, die im *Normalbereich* des Verhaltens von Schülern und Schülerinnen liegen. Wenn zwei auf dem Pausenhof kämpfen, ein Schüler ausgegrenzt wird oder zwei Schüler einander anschreien, dann spricht man von Gewalt. Man geht davon aus, dass Trotz, Provokationen, andere ärgern, wütend sein, freches oder oppositionelles Verhalten bereits ein Zeichen einer drohenden Dissozialität ist.[85] Da viele gewalttätige oder delinquente Jugendliche bereits in der Schule durch ihr Verhalten aufgefallen waren,[86] glaubt man Warnsignale zu erkennen.[87] Frühzeitige Korrekturmaßnahmen sollen ergriffen werden. In der Schule wird eine Institution gesehen, in der man diese potentiellen Gewalttäter mit Hilfe von Lernprogrammen beeinflussen kann. Viele dieser Präventionsprogramme legitimieren sich durch den Anspruch, sie könnten Jugendgewalt auf einer breiten Basis verhindern. Den Beweis der Effektivität dieser Programme glaubt man durch

Verhaltensbeobachtungen in der Schule, die Anzahl der Vorfälle oder Befragungen zu erbringen.[88] Freches Verhalten, Widerrede oder auch spielerische, körperliche Auseinandersetzungen unter Kindern oder Jugendlichen werden als Gewalt deklariert, damit man dann Gewaltpräventionsprogramme anbieten kann. Wenn diese Interaktionen *seltener* vorkommen, dann sieht man darin den Beweis (evidence based!), dass man Gewalt verhindert. Kritisch betrachtet ist jedoch der Bezug zum Thema Jugendgewalt nicht gegeben und die Praxisrelevanz dieser Programme fraglich.[89] Man muss bedenken, dass die große Mehrheit der Schüler und Schülerinnen kooperiert und bereit ist, den Anweisungen der Erwachsenen zu folgen, auch wenn sie noch so abwegig sind. Man respektiert die Verhaltenscodes, die durch die Autoritäten der Institution vertreten werden. Man begrüßt die Lehrer, wenn sie es erwarten, steht in Einerkolonnen, wenn es sein muss und unterbricht die Lehrer nicht. Man fügt sich dem Willen der »Chefs«, so wie man sich in einer Firma dem neuen Chef oder einem Abteilungsleiter anpasst. Unsere Erfahrungen zeigen, dass die Auseinandersetzungen innerhalb der Institution Schule anders ausgetragen werden. Renitentes oder aggressives Verhalten bedient sich immer der Codes und Normen der jeweiligen Bezugsgruppe.[90] Im Rahmen des Anpassungssyndroms fügt man sich den Codes und Normen des Systems, dem man angehört. Bei einem Chef, der Widerrede erlaubt, werden die Angestellten eher bereit sein, Kritik anzubringen als bei einem, der wünscht, dass man kuscht.

In Bezug auf die Prävention von Jugendgewalt erweisen sich einige der Programme als problematisch. Sie blenden den Anteil der Erwachsenen aus. Die Ursache der Jugendgewalt wird einseitig bei den Jugendlichen gesucht. Dies widerspricht jedoch den Analysen der Gewaltvorfälle, die als solche bezeichnet werden können. Wie beim Beispiel der »Horrorklasse« führt eine *Vielzahl* von Faktoren dazu, dass es zu Gewalt kommt. Hinter der Dissozialität der Jugendlichen und dem problematischen Verhalten von Schülern verstecken sich oft noch *andere* Zusammenhänge. Wirksame Gewaltprävention sollte darum auch den Anteil der Lehrer, Eltern, Behörden und die Umstände im Auge haben. Die einseitige Fixierung auf die Jugend führt zu einem *verengten* Blickwinkel. Das menschliche Verhalten ist zu komplex, als dass es sich monokausal erklären lässt. Es braucht immer mehrere Faktoren, damit es effektiv zu einem Gewaltausbruch kommt.

Interessant ist das Beispiel von Dylan Kleebold und Eric Harris, zwei Jugendliche, die am 20. April 1999 in der High-School Littleton, Colorado ein Massaker verursacht und 15 Schulkameraden erschossen haben. Beide hatten einen Anger-Management-Kurs besucht und gute Beurteilungen bekommen. Ihre Faszination für Waffen behielten sie für sich. Die grauenhafte Tat konnte nicht mit spezifischen Gründen erklärt werden, sondern hatte psychologische Ursachen. Wie es Jugendliche oft tun, verbanden sie mit Gewalt eine Erlösungsfantasie. Sie träumten vom definitiven Heldenakt, der alles verändern wird und ihrer Existenz eine Legitimation verleiht. Sie wollten Geschichte schreiben und ließen sich vom Gefühl eigener Grandiosität leiten.[91] Es handelt sich um eine Fantasie oder ein Mythologem,[92] das man auch bei Terrororganisationen wie Al-Kaida beobachten kann. Man will ein Armageddon inszenieren und ist bereit, sich selbst zu opfern in der Hoffnung, dass man damit das Weltgeschehen ändern kann. Statt Rollenspiele zu inszenieren, wäre es sinnvoller gewesen, diesem Mythologem nachzuspüren.

Eine andere verbreitete Methode, Jugendgewalt zu verhindern, sind *Kampagnen*. Präventionsstellen und Politiker verteilen Flyer, drucken Plakate oder geben TV-Spots in Auftrag, durch die die Öffentlichkeit sensibilisiert werden soll: »Gewalt wird nicht toleriert!«, »Kein Puff!«, »Gewalt nein danke!« oder »Kein Puff: Schluss mit Jugendgewalt« wird von Jugendlichen, Polizisten oder Kindern auf Plakaten oder Flyers geäußert. Mit eindeutigen Gesten und krassen Bildern wird versucht, die Jugend von ihrer Gewalttätigkeit abzubringen. Die Aufklärung der Öffentlichkeit hat eine *Sensibilisierung* für das Problem Gewalt zum Ziel. Man erhofft sich Betroffenheit, ein genaueres Hinsehen und letztlich ein Umdenken. Die Akzeptanz von Gewalt soll sinken. Argumentiert wird, dass Gewalt immer noch ein »Tabu« sei und es eine große Dunkelziffer gäbe. Dank solcher Kampagnen soll allen in Erinnerung gerufen werden, dass Gewalt nicht sein darf und jeder Jugendliche seinen Anteil an der Gewaltprävention leisten kann. »Kein Puff: Schluss mit Jugendgewalt«.

»Los! Nenn mich Arschloch!«, fordert ein Jugendlicher einen Jüngeren auf. »Wieso soll ich dich Arschloch nennen?«, antwortet jener etwas erstaunt. »Nenn mich sofort Arschloch! Sage ich dir!«, zischt dieser nun etwas lauter und bedrohlicher. Schließlich gibt der Andere nach und sagt kleinlaut: »Also gut: Arschloch!« Der antwortet wutentbrannt: »Was fällt dir ein, mich Arschloch zu nennen!« und beginnt auf ihn einzuschlagen.

Solche Aktionen laufen nicht bewusst ab. Kampagnen gegen Gewalt an sich sind darum bei uns ein Schlag ins Wasser. Gewalt ist fast immer das Resultat einer komplizierten Geschichte und wird durch eine Vielzahl innerer und äußerer Gründe ausgelöst. Oft ist nicht die Schlägerei das Problem, sondern die Themen die sich *dahinter* verstecken. Wenn wir Gewalt bekämpfen wollen, dann kommen wir nicht darum herum, uns auch diesen *Hintergründen* zuzuwenden. Diese muss man analysieren und verstehen, bevor man eine Lösung erarbeiten kann. Trainingsprogramme bleiben an der Oberfläche, da man das Verhalten des Menschen nur kurzfristig und in einem kontrollierten Rahmen durch Trainings oder Kampagnen ändern kann. In der Psychotherapie ist dies eine Binsenweisheit.

Eigene Verantwortungsbereiche abstecken

Wenn wir *effektive* Gewaltprävention betreiben wollen, dann müssen zuerst ein paar Voraussetzungen erfüllt sein. Wichtig ist, dass wir über eine *Einflugschneise* verfügen. Wir müssen eine Funktion innehaben, durch die wir mit Jugendlichen *in Kontakt* sind. Der erste Schritt bei der Gewaltprävention ist die Abklärung des eigenen *Verantwortungsbereiches*. Unsere Möglichkeiten können bescheiden oder aber größer sein, als wir ahnen. Als Lehrer, als Jugendarbeiter, als Mutter oder Vater haben wir regelmäßig mit Jugendlichen zu tun. Wir haben eine Beziehung zu ihnen und beeinflussen sie, auch wenn wir es nicht beabsichtigen. Verantwortungsbereiche und Einflussmöglichkeiten sind unterschiedlich. Als Kursleiter eines Projekttages zum Thema Gewalt ist unser Einfluss geringer, doch auch dann können wir Akzente setzen und einen Lernprozess auslösen. Je näher wir bei der Jugend sind, desto mehr können wir ausrichten. Vielleicht haben wir indirekt mit der Jugend zu tun, als Gesetzgeber oder Forscher. Die Größe des Einflusses steht oft in keinem Zusammenhang mit Hierarchien. Als Schulleiter können wir vielleicht die Haltung des Lehrerkollegiums beeinflussen und in Einzelgesprächen den Kontakt mit Jugendlichen suchen. Ob wir jedoch die Jugendlichen besser erreichen als der Hausmeister, ist offen. Die Jugend sucht sich ihre Einflussgrößen selber und kümmert sich meistens wenig um die präsentierten Vorbilder der Erwachsenen.[93]

Gewaltprävention bedeutet, sich mit der Jugend auseinanderzusetzen. Bevor wir konkrete Schritte einleiten, müssen wir erfahren, wie sich Konflikte bei ihnen abspielen, welchen Herausforderungen sie ausgesetzt sind und wie sie mit Aggressionen umgehen. Konflikte gibt es überall. An ihrer Qualität und ihrem Ablauf kann man ablesen, ob sie in Gewalt ausarten. Wichtig ist es auch, sich in die Jugend hineinzuhören. Wenn wir zuerst ihre Eindrücke, Meinungen und Beobachtungen sichten, dann können wir abschätzen, wo der Schuh drückt und wo es zu Gewalt kommen könnte. Berichten sie über Spannungen unter sich, hören wir Hasstiraden auf das System oder beobachten wir die Bildung von ethnischen Sub-Gruppen? Die Hinweise der Jugendlichen helfen, mögliche Gewaltszenarien auszumalen. »Die wissen genau, welche Teile der Gänge nicht durch Videokameras erfasst sind«, flüsterten mir Jugendliche einer Mittelschule in Malmö zu. Dealer schlichen sich jeweils in die Schule ein, verkaufen Drogen und konnten unbemerkt verschwinden. Die Lehrerschaft wusste nichts von diesem Treiben, sondern war der Ansicht, das Gelände sei gegen Drogenhändler abgeschirmt. Wie sich Jugendliche direkten Kontaktnahmen gegenüber verhalten, ist ebenfalls oft aufschlussreich. Verhalten sie sich verschlossen, zynisch, abwehrend? Eventuell stehen sie unter dem Druck anderer oder haben kein Vertrauen zu uns.

Zur *Abklärung* gehört, dass wir uns ein Bild über die Schule, Gemeinde, das Quartier oder die Stadt der Jugendlichen machen. Leben sie in einem trostlosen Vorort oder einer wohlhabenden Gemeinde. Was wissen wir über die Zusammensetzung der Bevölkerung? Aufschlussreich sind auch die Geschichten, die Jugendliche erzählen. »Im Gäbelbach, da hat eine Albaner-Bande eine Wohnung ausgeraubt, nachdem einer beleidigt worden war«, behauptete ein Jugendlicher aus Mazedonien, und ein anderer beklagte sich, dass seine Mutter völlig grundlos von der Polizei verhört worden sei. Der Wahrheitsgehalt solcher Geschichten ist meistens schwierig abzuklären. Psychologisch wirken sie aber in den Jugendlichen nach und beeinflussen ihre Aggressionsbereitschaft. Zur Abklärung gehören auch die Freizeitaktivitäten. »Hängen! Chillen« geben viele Jugendliche als Hauptbeschäftigung an, wenn man sie direkt fragt. Ihre Aussagen decken sich jedoch nicht immer mit ihren wirklichen Tätigkeiten. Indem sie das Nichtstun in den Vordergrund stellen, wollen sich manche Jugendliche von den Erwachsenen abgrenzen. Jugendgewalt hat verschiedene Gesichter. Es ist darum wichtig, dass man sich über etwaige Vorfälle informiert. Gibt es Sprayereien im Viertel? Gibt es eine Kifferszene? Wirkt der öffentliche Bereich gepflegt oder verwahrlost?

8. Das Schreckliche zum Thema machen
Die Allgegenwart der Gewalt in den Medien

»Was der schönste Tag in meinem Leben war? – als ich endlich immer on-line sein konnte!« Der zwölfjährige Junge strahlt mich an. Die Antwort macht perplex. Wie steht es mit Weihnachten? Den Ferien in der Toskana? Kindheit sollte doch eine Zeit sein, wo man sich hinauswagt, mit den Nachbarskindern Verstecken spielt und mit dem Cousin eine Hütte baut; eine Zeit der gemeinsamen Erlebnisse mit den Eltern oder Freunden. Vielleicht könnte sich der Junge sogar an eine geglückte Schulstunde erinnern? Hat er sich nicht in Hunderten von Schulstunden, spannenden Projekt- oder Gruppenarbeiten engagiert? Aus der Sicht des Jungen Nebenereignisse. Nichts überragt den Tag, von dem an er Zutritt zum *medial vermittelten Weltgeschehen* hatte!

Kindheit und Jugend hat heute ein anderes Gesicht als vor zwanzig, dreißig oder mehr Jahren. Früher waren Kinder und Jugendliche von Spielaktivitäten im Freien, Ausflügen zu Freizeitparks, dem Erforschen einer Höhle oder einer verbotenen Erkundigungstour auf einer Baustelle fasziniert. Die Welt war klar umrissen, das Schreckliche und Unverständliche verbannt oder tauchte an den Randzonen der kindlichen oder jugendlichen Lebenswelt auf. Die Erwachsenen sahen Kinder und Jugendliche in einem Schonraum, der pädagogisch sinnvoll gestaltet werden kann. Heikle Themen wurden ausgeschlossen. Als Jugendlicher musste man sich einen Samstagnachmittag mit Sammeln von Altpapier abrackern, um endlich Bilder von nackten Frauen sehen zu können, und seine Gewaltfantasien durfte man allenfalls beim Völkerball oder beim Indianer spielen abreagieren. Der Fernsehapparat stand im Wohnzimmer; unter strenger oder milder Überwachung der Eltern. Oft wachten sie wie ein Cerberus über Informationen, die unsere Ohren und Augen erreichten. Das Schreckliche und Obszöne, Böse blieb draußen, auch wenn man hie und da den Dienstagskrimi mit ansehen durfte. In den letzten zehn Jahren wurde die Lebenswelt der Kinder und Jugendlichen revolutioniert. Die von den Eltern und der Pädagogik gesetzten Grenzen wurden porös oder ganz durchlässig. Wegen der medialen Vernetzung durch das Internet sind die Grenzen zwischen kindlichem Schonraum und der schrecklichen Welt dort draußen aufgehoben worden. Vom Moment an, wo ein Jugendlicher sich interessiert, kann er an einer unendlichen Informations- und Bilderflut teilhaben, die nicht von Erwachsenen überwacht und kontrolliert wird. Zu Wissen, Skandalgeschichten, krassen, schrecklichen Ereignissen und Bildern von zweifelhaftem Wert hat er über Mausklick Zugang. Die stille, private Abgeschiedenheit des Computers macht es möglich, dass man sich Themen widmet, die sich *außerhalb* des familiären Denkhorizonts und des pädagogischen Wertekanons befinden. Man surft auf Pornosites, erschauert beim Betrachten grässlicher Unfälle oder erschreckt wegen einer Hinrichtungsszene im Iran. Dem Erkundigungstrieb sind im virtuellen Raum keine Grenzen gesetzt; heiße Tipps oder Sites tauscht man unter sich aus. Man kann sich nicht nur in fremde Kulturen und Wissensgebiete einklicken, möglich ist auch der spielerische Umgang mit anrüchigen und pädagogisch verfemten Themen: Allein oder mit Freunden ballern Jungs in den Straßen von Los Angelos auf Polizisten, besuchen dubiose Bars und bumsen zwischendurch mit einer Prostituierten. Wenn Kinder oder Jugendliche das Internet und die Möglichkeiten des Computers entdeckt haben, dann haben traditionelle Spiele gegenüber dem Spiel mit dem Schrecklichen keine große Chance. Verstecken oder Puzzles gelten bei medial sozialisierten Kindern und Jugendlichen rasch als langweilig. Die Internetrevolution veränderte auch das *Kontaktverhalten* der Jugend. Man muss nicht zum Telefon im Flur greifen und das Mitlauschen der Mutter befürchten, wenn man eine Freundin anruft, sondern im privaten Raum des Internets bleiben den Erwachsenen die eigenen Kommunikationsstrategien verborgen. Beziehungen werden zu virtuell ausgetragenen Experimenten. Dank Chatten, Twitter, Facebook, jedoch auch per Handy kann man ein Kontakt- und Beziehungsnetz aufbauen, von dem Eltern und Lehrer nie etwas erfahren. Man flirtet im Chatroom mit unbekannten Männern, präsentiert sich in erotischer Pose und verfügt dank Facebook über ein riesiges Netzwerk von Freundinnen. Will man ausgehen, legt man sich nicht vorher fest, sondern verschickt eine Anzahl SMS, um sich einen Überblick über die Ausgangszene und die Pläne der Freunde zu verschaffen, bevor man sich entscheidet. Und natürlich kann man auf elektronischem Weg auch richtig gemein sein, ein peinliches Foto ins Facebook stellen, um jemandem einen Seitensprung oder Trunkenheit anzudichten oder eine Hate-Page eröffnen. Die virtuelle Welt ermöglicht neue Mobbingstrategien, und Beziehungen beendet man prinzipiell per SMS.

Viele Eltern, Politiker und Pädagogen reagieren besorgt auf diese Entwicklung. Befürchtet wird eine Verrohung der nächsten Generation. Wird sie Pornographie mit gesunder Sexualität verwechseln? Führen Ballerspiele zu mehr Gewalt und bewirken die grässlichen Bilder ein Trauma? Verlieren Kinder und Jugendliche den Realitätssinn und sind Jugendliche dubiosen Kontakten ausgeliefert? Wir haben Angst, dass wir unsere Kinder und Jugendlichen Themen und Verführungen ausliefern, die sie seelisch nicht bewältigen können. Gegenmaßnahmen werden erwogen. Gefordert wird ein Verbot der Killergames, geregelter Computerzugang und vermehrte Kontrolle durch die Eltern, damit nicht eine Generation lebensfremder

Computerjunkies heranwächst, die das Leben nur als Programm sehen und im direkten sozialen Kontakt überfordert sind.

Das Rad der Geschichte können wir nicht mehr zurückdrehen. Kinder und Jugendliche in einen abgeschotteten Lebensraum zurückzuschicken, ist heute nicht denkbar. In unserer liberalen Gesellschaft verfügen wir nicht mehr über die entsprechenden Machtmittel. Wir müssen uns mit dem Verlust des Wissensmonopols und unserer Macht als Steuerungsinstanz der Informationen abfinden. Von einem bestimmten Alter an regt sich in Kindern und Jugendlichen eine natürliche Neugier, die Welt »dort draußen« kennen zu lernen. Sie erkennen die Möglichkeiten, die die Gesellschaft ihnen bietet, und wollen sie ausschöpfen. Sie geben sich mit der Vorauswahl der Erwachsenen nicht zufrieden, sondern wollen wissen, wie es *wirklich* ist. Oft steht die Suche nach dem *ganz Anderen* im Vordergrund, das den Erfahrungs- und Denkhorizont des familiären oder schulischen Umfelds sprengt und ihnen die Abgrenzung von der Erwachsenenwelt ermöglicht. Informationen über Unanständiges muss man sich nicht mehr mühsam über Arrangements oder Anpassungsleistungen erkämpfen, sondern man erhält sie gratis über die richtige Webadresse. Der Neugier und Experimentierlust sind dank Internet keine Grenzen gesetzt. Die Aneignung von Wissen geschieht anarchisch, amoralisch und oft aus genuiner Neugier. Die Erwachsenen sind zu einer *Randposition* verdammt. Verbote bestimmter Tätigkeiten wie Killergames sind ebenso nutzlos wie der Versuch, die mediale Welt pädagogisch sinnvoll zu gestalten. Abwertungen machen das entsprechende Thema doppelt attraktiv. Kinder und Jugendliche realisieren, dass die Internetwelt ihnen die *große Freiheit* ermöglicht. Sie *selbst* entscheiden über die Infos oder Spiele, die sie sich herunterladen oder denen sie sich widmen wollen.

Die Internetrevolution hat zur Folge, dass wir unsere Ein-

stellung zur Bedeutung der Kindheit und Jugend *radikal* über-
denken müssen. Diskussionen sollten sich heute nicht mehr
nur darum drehen, *ob* sich Kinder und Jugendliche die problematischen Sites ansehen dürfen und gewalttätige Computer-
games spielen, sondern *wie* die mediale Revolution bewältigt
werden kann. Welche *Selbstkompetenzen* kann man bei Kindern und Jugendlichen fördern, damit sie sich in der Informa-
tionsflut orientieren können und besonnene Wahlen treffen.
Welche psychologischen Konsequenzen müssen gezogen
werden, damit sich Kinder und Jugendliche selber schützen
und die Beschäftigung mit anrüchigen Themen keine problematischen Auswirkungen hat. Dass gewalttätige Jugendliche
mehr Zeit mit diesen unappetitlichen Spielen verbringen als
friedliche Jugendliche, scheint erwiesen. Ob der Zusammenhang jedoch *kausal* bedingt ist, ist zweifelhaft. Problematische Jugendliche suchen überall Vorbilder und Begründungen
für ihre Aggressionen.

Kinder und Jugendliche gestalten ihre Lebenswelt selber.
Sie wählen aus der immensen Informations- und Bilderflut
aus, was ihnen entspricht und gefällt. Vielleicht müssen wir
von der Idee des pädagogischen Schonraums Abschied nehmen. Wir müssen davon ausgehen, dass Kinder und Jugendliche heute wieder in einer Welt aufwachsen, in der sie dem
Schatten des Menschen ausgesetzt sind. Da wir *keine* Kontrolle über diesen Prozess haben, müssen wir uns auf die
Kompetenzen konzentrieren. Welche Vorbereitung braucht es,
damit sie sich im Chaos der Informationen und Bilder orientieren können. Dazu braucht es eine Pädagogik, die das
Schreckliche zum Thema macht, mit dem die Jugendlichen im
Internet konfrontiert werden. Das Abgründige des Menschen
darf nicht mehr für später aufgespart werden. Die unheimliche Faszination der Gewalt, die Anziehungskraft der Pornographie, die Freude an Zerstörung oder die trickreichen Täu-
schungsmanöver, zu denen der Mensch fähig ist, müssen zu

145

Themen der Erziehung und Bildung werden. Wir dürfen nicht zulassen, dass unsere Söhne und Töchter diesen Themen *alleine* ausgeliefert sind. Dieses *Umdenken* ist nicht einfach. Alte Denkmuster müssen überwunden werden. Viel lieber würden wir natürlich weiterhin von der schönen neuen Welt berichten und in Schulbüchern Lösungen anpreisen, Horror, Gelüste und Süchte aus dem Leben verbannen. In der Pädagogik dürfen wir nicht mehr nur von *Idealsituationen* ausgehen, sondern das Doppelbödige und Abgründige des Menschen zulassen, reflektieren, damit Kinder und Jugendliche zusammen mit den Alten einen Umgang mit diesen Themen finden. Die Kinder und Jugendlichen haben als Projektionsträger der Gesellschaft ausgedient.

9. Die verborgenen Ursachen von Gewalt
Innere und äußere Gründe

Der Junge sitzt mit verbissenem Gesicht vor mir. Er lacht spöttisch, als ich ihn nach dem Grund seines Verhaltens frage: »Der hat es verdient!«, sagt er schließlich, ohne mir in die Augen zu blicken. Keine Zeichen der Reue oder Empathie. Er hat soeben einem anderen Jungen einen Faustschlag ins Gesicht verpasst. Weil er ›nervte‹, fügt er wenig später hinzu. Wir mussten rasch und eindeutig reagieren: Gruppenausschluss, Einzelgespräch, Kontakt mit dem Sozialarbeiter und Vollzug einer bislang aufgeschobenen Maßnahme des Gerichts. »Ist mir alles scheißegal!«, schleudert er uns entgegen, als er von der Sozialarbeiterin abgeholt wird. Intensive Gespräche, harte Konfrontationen mit der Tat, Gruppenübungen und das Zureden von Kollegen; alles hat nichts genützt. Wir konnten den Jungen nicht erreichen. Kälte und Gleichgültigkeit schlug uns entgegen.

Eine Woche später wird der Junge von der Polizei verhaftet. Diesmal kommt er in Untersuchungshaft und erhält wahrscheinlich keine Bewährungsstrafe mehr. Zusammen mit einem Kumpel hatte er in einem Park einen missliebigen Tamilen überfallen und ihm mit einem Messer das Gesicht verletzt. Seither sitzt er im Knast.

Wenn wir mit solchen Gewalttätern zu tun haben, fragen wir zuerst: Warum? Wie konnte es soweit kommen? Wie ist es möglich, dass ein achtzehnjähriger Junge eine solche Brutalität entwickelt? »Dahinter verbergen sich riesige Verletzungen«, meint eine Schulpsychologin, die den Jungen untersuchte, und ein Jugendrichter glaubt, dass fehlende Berufsperspektiven Mitschuld an der negativen Entwicklung des Jungen seien, während die Mutter überzeugt ist, dass der alkoholsüchtige Vater einen schlechten Einfluss auf ihn hatte. Da sein Verhalten uns außergewöhnlich und unmenschlich vorkommt, suchen wir nach *Gründen*. Ein *normaler* Mensch hat keine Freude daran, einen Mitmenschen mit dem Messer zu verletzen. Es muss ein *besonderes* Ereignis gewesen sein, auf das dieses Verhalten zurückzuführen ist. Wir können uns nicht vorstellen, dass sein Zynismus und Sadismus *genuin* sind. Unser Menschenbild verbietet es, solche Eigenschaften als typische Charakterzüge eines Menschen anzuerkennen. Da es keine *natürliche* Veranlagung zum Quälen von Mitmenschen gibt, suchen wir nach Gründen, die solch asoziales Verhalten erklären.

Es gibt zwei Kategorien von Gründen: *innere* und *äußere*. Nehmen wir einen inneren Grund an, orten wir die Ursache in der *Persönlichkeit* des Täters. Er leidet unter einer Persönlichkeitsstörung. Es kann sich um eine genetische Disposition handeln oder – was wahrscheinlicher ist – um die Folge von traumatischen Erfahrungen. *Vorangegangene Ereignisse* haben Spuren hinterlassen und einen *Defekt* verursacht. Das aktuelle Verhalten wird mit Ereignissen in der Vergangenheit in Zusammenhang gesetzt. Wir suchen in der Vergangenheit nach Gründen, wenn der Gewaltakt nicht durch den Kontext erklärt werden kann. Genervt sein genügt nicht als Grund für einen Faustschlag. Wir vermuten ein verborgenes Motiv oder eine unbekannte Ursache.

Auf der Suche nach Gründen wenden wir uns der *Kindheit* zu. Unsere Persönlichkeit wird durch das Elternhaus geprägt. Die Qualität der Beziehung zu den Eltern, den Geschwistern sowie das Klima in der Familie haben unseren Charakter geformt. Wenn wir als Kind geschlagen und misshandelt wurden, dann wirkt sich dies auf unsere Persönlichkeit aus. Bei Gewalttätern vermuten wir eine unglückliche Kindheit. Damals muss etwas schiefgelaufen sein. Dass aggressives, psychopathisches Verhalten seine Wurzeln in der Kindheitsgeschichte hat, ist ein Grundansatz, den die Psychotherapie und insbesondere die Psychoanalyse auszeichnet. Der Hass, der aus den Augen des Jungen spricht, und die Wut, die er empfindet, könnten auf mangelndes Urvertrauen, eine dysfunktionale Familie oder eine primäre Beziehungsstörung zurückzuführen sein. Solche Kinder hatten das Pech, von der Mutter nicht geliebt zu werden,[94] in einer gewalttätigen Umgebung aufzuwachsen[95] oder sie hatten einen nur mangelhaften Kontakt zum Vater.[96] Kinder, die in einem Milieu aufwachsen, in dem Gewalt als Mittel der Konfliktlösung eingesetzt wird, neigen später als Jugendliche auch mehr zu Gewalt.[97] Gewalttäter sind nach diesem Erklärungsansatz beziehungs- oder milieugeschädigt.[98] Emotionale Vernachlässigung und Misshandlungen führten zu psychopathischem Verhalten.

In der Psychotherapie wird versucht, solche Ursachen aufzudecken, sie aufzuarbeiten und dem Gewalttäter zu helfen, sie zu verarbeiten.[99] Im Zweiergespräch oder einem Gruppensetting tastet man sich über den direkten Kontakt oder mit symbolischen Verfahren an die prägenden Ereignisse heran, damit man über sie reflektieren und nach neuen Lösungen suchen kann. Verletzungen sollen offengelegt, Wut und Hassgefühle bewusst gemacht und in der Übertragungssituation mit Hilfe des Therapeuten durchgearbeitet werden. Hinter dem Hass und der Aggressivität eines Menschen verbergen sich vielleicht Verzweiflung und Angst. In der Therapie erinnert man sich an eine Misshandlung durch den Vater, die Überbehütung durch die Mutter oder die Gewalt, die in der eigenen Familie herrschte. Grässliche Szenen kommen dem Täter wieder in den Sinn und werden im Zweiergespräch aufgearbeitet. Die Psychotherapie hat zum Ziel, die Wunden aus der Vergangenheit zu heilen und dem Patienten zu einer persönlichen

Stabilität und einem friedlicheren Verhalten zu verhelfen. Ob die Szenen und Traumata, die in der Psychotherapie erinnert werden, sich jedoch wirklich abgespielt haben, ist nachträglich nicht eindeutig feststellbar.[100]

Kinder verbringen tausende von Stunden auf der Schulbank. Wenn wir in der persönlichen Geschichte eines Menschen nach Ursachen für asoziales Verhalten suchen, dann müssen wir uns auch den *Schulerfahrungen* zuwenden.[101] Gewalttätige Jugendliche fallen bereits in der Schule auf, worauf an anderer Stelle dieses Buches hingewiesen wird. Nicht immer trifft den Schüler die Schuld, sondern das Problem kann auch bei den Lehrern liegen. Sie haben zuweilen einen *schlechten* Einfluss auf den jungen Menschen. Es gibt Lehrer, die missachten einzelne Schüler, verhalten sich zynisch, versteckt aggressiv oder herablassend. Die Schüler sind diesen Aggressionen ausgesetzt und reagieren mit asozialem Verhalten. »Ich würde auch nicht mit ihm reden«, flüsterte die Lehrerin einer Gruppe Mädchen zu, die sich über einen neuen Mitschüler beklagten. Der etwas sensible Junge hörte die Worte und war tief betroffen. Im Unterricht verhielt er sich in den anschließenden Wochen nicht sehr kooperativ. Bald wurde ihm das Etikett »schwieriger Schüler« angehängt und eine Konsultation mit dem Schulpsychologen angeordnet.

Oft lässt sich das ungerechte Verhalten nicht beweisen. Beobachtet man den Unterricht, lässt sich den Lehrern nichts vorwerfen. Obwohl sie ganz normal unterrichten, erlebt ein Schüler die Lehrer als hinterlistig, ungerecht oder fies. Oft lügt er nicht, sondern es handelt sich um seinen *subjektiven Eindruck*. Dieser spiegelt nicht nur objektive Fakten wider, sondern wird auch durch das eigene Verhalten beeinflusst. Ein Schüler teilte mir mit, es sei »total gemein«, dass die Schule ihm zwei Strafnachmittage verordnet habe. Die Lehrer verhielten sich »total ungerecht«, denn er sei »total« unschuldig.

Er realisierte nicht, dass die permanenten Drohungen und Wutausbrüche, die er Lehrern gegenüber aussprach, mit ein Grund für diese Maßnahme waren. Den Eigenanteil hatte er ausgeblendet und stattdessen die Lehrer dämonisiert.

Aus psychologischer Sicht ist es zweitrangig, ob ein Lehrer einen Schüler tatsächlich schlecht behandelt hat oder nicht kompetent war. Schulen sind Orte, in denen eine Vielzahl verschiedenster Persönlichkeiten aufeinandertreffen und zusammen arbeiten. Die Heterogenität der Schülerschaft und die unterschiedlichen Charaktere der Lehrer haben zur Folge, dass unzählige Erwartungen, emotionale Aufladungen, Projektionen und persönliche Geschichten aufeinanderprallen. Lehrer interagieren mit der Schülerschaft sowohl auf einer bewussten als auch auf einer unbewussten Ebene. Als Lehrer kann er in diesem Minenfeld nur überleben, wenn er sich schützt. Tiefere Gefühle, erotische Spannungen, persönliche Komplexe oder Aggressionen müssen abgespalten werden. Ein Lehrer muss auf der *rationalen Ebene* agieren, sonst verliert er die Oberhand und handelt unprofessionell. Viele Gedanken und Gefühle sind inkompatibel mit dem bewussten Standpunkt und den professionellen Codes. Ein Lehrer darf nicht einseitig Sympathien verteilen oder zugeben, dass die Bewegungen einer Schülerin ihn reizen. Im Territorium Schule ist jedoch eine solche Tiefenreflexion selten möglich. Der Lehrer muss den Stoff vermitteln, gerecht sein und die Schüler disziplinieren. Er muss seiner Rolle gerecht werden. Was nicht ins bewusste Konzept passt oder seiner Moral widerspricht, gärt jedoch im *Untergrund* weiter. Schulen sind Orte, in denen *enorm* viel Unbewusstheit herrscht.

Den Schülern entgehen diese nicht tolerierten oder amoralischen Themen nicht. Sie merken, wenn die Lehrer eine Abneigung gegen einen bestimmten Jungen hegen, eine gestörte Beziehung zur Sexualität oder eine sadistische Ader haben. Sie durchschauen die Lehrer und reagieren auf die Themen, die offiziell nicht zugelassen werden. Ihr Verhalten kann darum auch eine Reaktion auf eine nicht reflektierte, unbewusste Thematik eines Lehrers sein. Dieses verdrängte Material irritiert, verwirrt oder macht unter Umständen aggressiv. In einer Schulklasse unterrichtete ein Lehrer korrekt, war vorbereitet und erschien immer pünktlich. Erst mit der Zeit realisierten die Schüler, dass er gar keine Freude am Unterrichten hatte. Seit dem Tod seiner Frau litt er unter einer Depression. Er verstand seine Gefühle jedoch dank eiserner Disziplin zu verstecken. Den Schülern blieben sie dennoch nicht verborgen. Wenn Schüler in der Schule mit Lehrern solche Erfahrungen machen, werden sie oft *allein* gelassen. Sie spüren etwas, doch merken sie, dass man nicht darüber reden kann.[102] Versteckte Gemeinheiten oder problematische Unterrichtsmethoden können Schüler und Schülerinnen jedoch traumatisieren.[103] Vor allem Jugendliche, die in der Schule leistungsmäßig nicht sehr erfolgreich sind, erleben ihre Schulzeit dann nicht als Gewinn, sondern als eine mühevolle Unterbrechung der Freizeit, als Gefängnis oder Folteranstalt. Aus ihrer Sicht hat das Wirken der Lehrer sie nicht von der Gewalt *abgebracht*, sondern dazu *angestachelt*. Grässliche Schulerlebnisse, wie von Robert Musil[104] beschrieben, könnten auch ein Grund zu erhöhter Aggression sein.[105] Der junge Mensch wird durch die Schule aggressiv aufgeladen. Nach Schulschluss glaubt er, einen Rachefeldzug gegen Autoritäten antreten zu müssen, tritt voller Hass ins Leben ein und will *endlich* zurückschlagen.[106] »Diese Lehrer haben mein Leben zerstört«, meint ein junger Mann, der zu mir in die Therapie musste, nachdem ihn seine Schule definitiv ausgeschlossen hatte. In einer Arbeitswoche, in der man bei der Wahl des Themas völlig frei war, hat er das Thema Pornographie gewählt. Die Lehrer waren entsetzt. Das Schlussplakat, das er angefertigt hatte, mit obszönen Darstellungen von Frauen, wurde zum Mega-Hit unter den Schülern. Nur die Lehrer schüttelten die Köpfe, zeigten sich fassungslos und zensierten das Plakat. Als der Junge mit einem gesprayten Spruch protestierte, flog er von der Schule.

Es muss aber nicht allein das Wirken der Lehrer sein, das Kinder in der Schule traumatisiert. Verschärftes Konkurrenzdenken, Gruppendruck, sadistische Aufnahmetest oder Mobbing hinterlassen in den Schülern oder Schülerinnen Spuren und prägen ihre Persönlichkeit.[107] Sie werden von Mitschülern ausgegrenzt, schlecht gemacht oder heimlich gequält.[108] Später werden sie aus Frustration und Wut aggressiv oder suchen Aufmerksamkeit.

»Eric ist total verrückt geworden!«, riefen die Schüler und Schülerinnen und stürmten auf die Lehrergruppe zu. Auf dem Gehweg vor der Schule stand der vierzehnjährige Sekundarschüler, schrie und fuchtelte mit einem Küchenmesser herum, sobald man sich ihm näherte. Die Schulsozialarbeiterin konnte ihn beruhigen. Der Junge wurde abgeführt. Später stellte sich heraus, dass der Sohn des städtischen Polizeikommandanten monatelang von seinen Mitschülern gehänselt, gefoppt und lächerlich gemacht worden war. Man stahl ihm seine Bücher und versuchte ihn auch immer vor den Lehrern und Mitschülern schlecht zu machen. Die Schule war für ihn ein Horrorerlebnis. Als er ein paar Klassenkameraden zu seinem Geburtstag einladen wollte, entwendete ein Mädchen in einem unbedachten Moment sein Handy und verschickte an die eingeladenen Jungen ein Absage-SMS. Vergeblich wartete der Junge auf seine Schulfreunde. Bei seinem aggressiven Ausbruch handelte es sich um eine Verzweiflungsaktion.

Traumata gelten als mögliche innere Gründe für Gewaltakte. Der betreffende Mensch hat ein *einschneidendes* Erlebnis gehabt, wurde misshandelt oder hat längere Zeit eine grauenhafte Situation erlebt. Welches Ereignis zu einem Trauma führt, hängt von der Persönlichkeitsstruktur der betreffenden Person ab. Die Gleichung, je schlimmer desto traumatischer, stimmt nicht. Es gibt Beispiele von Kindern, die Fürchterliches erlebt haben, sich jedoch später zu gesunden, zufriedenen Menschen entwickelten.[109] Aufgrund der Resilienz, einer Widerstandsbereitschaft, wirken sich die schlimmen Ereignisse nicht in jedem Fall persönlichkeitsverändernd aus. Das Kind versteht es, sich vor der Einwirkung des Ereignisses zu schützen, indem es persönliche Ressourcen mobilisiert, in der Familie Ressourcen entdeckt oder aber in der weiteren Umgebung Hilfe erhalten konnte. Kriegerische Ereignisse konnten Soldaten oft verkraften, indem sie sich auf Kameraden stützten, eine religiöse Haltung entwickelten oder sich durch eine tröstende Vorstellung oder einen besonderen Satz beruhigen konnten.

Was zu einem Trauma wird, ist darum kaum vorauszusagen. Oft haben scheinbar harmlose Ereignisse, die von den meisten Menschen mit Achselzucken quittiert werden, traumatische Folgen. Cynthia Lennon, die Ex-Frau von John Lennon, empfand den Moment, wo sie den Zug verpasst hat, in dem ihr Mann saß, um nach Indien zu fliegen, als traumatisch.[110] Der Wegzug des Vaters kann bei einem Kind traumatische Folgen haben, während es einem Geschwister gleichgültig ist. Die Spätfolgen von Traumata sind verschieden.[111] *Eine* mögliche Nachwirkung ist erhöhte Aggressivität. Vor allem männliche Jugendliche versuchen durch Wut und Gewalt den Schmerz, den sie in sich spüren, zu kompensieren. Eine Schlägerei erleben sie als Befreiungsakt. Sie externalisieren ihren inneren Schmerz. Der Gewaltakt wird dann zu einem perversen Therapeutikum. Wenn es mir schlecht geht, dann sollen andere *auch* leiden. Das Leiden, das man dem anderen zufügt, wird zu einem Versuch, den eigenen Schmerz zu *objektivieren*. Je dramatischer der Gewaltakt ist, desto besser. Eine solche Gleichung wird natürlich nicht bewusst aufgestellt, sondern es handelt sich um einen unbewussten Verarbeitungsversuch.

Erlittene Traumata sind keine Entschuldigung für Gewalt. Werden Taten mit vorangegangenen Ereignissen erklärt, bedeutet das nicht, dass man aus Tätern nachträglich Opfer machen will. Viele Täter sind jedoch in ihrem Schicksal gefangen. Es gelingt ihnen nicht, sich aus einem Muster zu befreien, das sie internalisiert haben und im adlerschen Sinne als Überlebensstrategie einsetzen, um Konflikte und persönliche Probleme zu bewältigen.[112] Doch allzu leicht kann es geschehen, dass ein möglicher Zusammenhang mit anderen Ereignissen und Ungerechtigkeiten zu einer Entschuldigung wird.

Wenn wir einen Gewaltakt auf *äußere Gründe* zurückführen, dann richten wir unseren Blick auf den Kontext, in dem sich ein Gewaltakt abgespielt hat. Wir suchen im Ablauf des Gewaltakts, den Umständen und den Aktionen der anderen Beteiligten nach Gründen für den Gewaltausbruch. Wir führen den Gewaltakt nicht auf die Persönlichkeit oder die persönliche Geschichte des Täters zurück, sondern auf die *Umstände*. Wir gehen davon aus, dass der Betreffende allein *nicht* über genügend aggressive Energie verfügt, um den Gewaltakt auszuführen, sondern etwas die Gewalteruption ausgelöst haben muss. Vielleicht wurde die Tat durch eine Provokation ausgelöst, war sie Reaktion auf einen Angriff oder ein Missverständnis. Oft sind die Gründe nicht gleich ersichtlich.

Ein Junge zeigt seiner Lehrerin den Stinkefinger, schreit sie an und droht, sie werde noch etwas erleben. Nach Aussage der Lehrerin geschah alles völlig unvermittelt. Sie sei vollkommen überrascht gewesen ob seines Ausbruchs. Später stellt sich heraus, dass sie ihn kurz zuvor aufgefordert hatte, vor die Klasse zu treten und sich bei einer Klassenkameradin zu entschuldigen. Er müsse Reue zeigen, weil er das Wort »Schlampe« gemurmelt habe, als sie über eine Mitschülerin vor ihm sprach. Die Lehrerin fand, dieses Wort sei eine Beleidigung für *alle* Angehörigen des weiblichen Geschlechts und Zeichen für ein unerträgliches Machoverhalten. Für einen Jungen in der Pubertät war dies eine unglaubliche Demütigung.

Zu den äußeren Gründen gehört der soziale Kontext. Auf junge Menschen haben die *Peers* einen großen Einfluss. Mit Eintritt der Pubertät orientieren sie sich immer mehr an Gleichaltrigen, während die Familie in den Hintergrund rückt. Die Gleichaltrigengruppe verhilft zu einer eigenen Identität, einem eigenständigen Lebensstil und Erfahrungen, die man allein nicht machen würde. Dank der Freunde und Freundinnen kann man sich von den Erwachsenen abgrenzen und Eigenständigkeit demonstrieren. »Jeder musste einen Liquor-Store[113] ausrauben«, berichtete mir ein Jugendlicher, der im Correction Center in Sonora saß, um eine mehrjährige Strafe abzusitzen. Nach seinen Schilderungen gehörten Überfälle auf Läden mit alkoholischen Getränken zum Alltag seiner Gruppe.[114] Wenn man Mitglied der Crips oder Bloods sein wollte, musste man sich ihren Normen fügen und ein Delikt verüben. Das Delikt war ein Versuch, von einer Bande akzeptiert zu werden und Freunde zu haben. Seine Gleichaltrigengruppe hat ihn zur Gewalt verleitet.[115] Er wurde delinquent, weil er sich nicht vor seinen Kameraden blamieren wollte, bei denen Gewalt als ›cool‹ galt. Oft gehört ein Gewaltakt – sogar Mord – zum Aufnahmekriterium. Man muss Dreck an den Händen haben, wenn man dabei sein will. Wie bei der Mafia muss man eine Grenze überschreiten, ein Tabu brechen, damit man akzeptiert wird. Über das Delikt wird man respektiert. Diese Art einer negativen Sozialisation ist eine häufige äußere Ursache gewalttätigen Verhaltens Jugendlicher. Sie orientieren sich an Banden, die sich über Gewalt profilieren.[116]

Leider ereignen sich unter solchen Umständen immer wieder *grauenhafte* Gewaltakte. Es entsteht eine unheilvolle Dynamik, der sich kein Gruppenmitglied entziehen kann. »Das habe ich nicht gewollt«, sagt der achtzehnjährige Schüler kleinlaut. Soeben hat er erfahren, dass der Junge, dem sie eine EC-Karte abluchsten und den sie, als er sich weigerte den Pin-Code zu verraten, kurz eine Lektion erteilten, wahrscheinlich einen dauerhaften Schaden davontragen wird. Nach meinem Eindruck sind seine Reuegefühle echt. Zur Tat kam es, nachdem der coole Leader ihrer Clique behauptet hatte, der andere weigere sich, eine Schuld zu bezahlen, sei überhaupt ein doofer Typ, Rassist und habe sich an seiner Freundin vergriffen. Der Schüler ließ sich von den Worten dieses Gruppenleaders mitreißen. Eine unheilvolle Dynamik war die Folge, individuelle Bedenken der anderen Gruppenmitglieder wurden zur Seite geschoben. Loyalität und Gruppengeist waren stärker als moralische Bedenken. Beispiele dieses Mechanismus findet man zu Hunderten in der Geschichte. Die oppositionelle Tendenz, die solche Jugendgruppen auszeichnet, fördert die Neigung zu Gewalt zusätzlich.

Die vier Jungen wollten in einer Burgruine eine Mitternachtsparty feiern. Sie waren zu jedem Blödsinn bereit, als sie im Wagen des Vaters eines der Jungen losfuhren. Sie hatten sich mit Wodka und Hasch versorgt. Ein Mädchen schloss sich der Gruppe an. Sie war in den Rädelsführer vernarrt und wollte mitfeiern. Während der ziellosen Fahrt ging sie den Jungen auf die Nerven. Sie quasselte zu viel und verhielt sich klebrig. Plötzlich entschloss man sich, sich ihrer zu entledigen, indem man sie niederstach. Ihren leblosen Körper warfen die Jungen kurze Zeit später aus dem fahrenden Wagen eine Böschung hinunter. Alles geschah rasch und in einem Zustand der Benommenheit. An der grauenhaften Tat haben auch zwei Jungen mitgewirkt, die vorher als unbescholten galten und psychopathologisch unauffällig sind.

Ein weiterer wichtiger äußerer Faktor ist der Einfluss der *Masse*. Viele Gewaltakte von jungen Menschen werden während Massenaufläufen verübt. Das Denken wird ausgeschaltet und das Gefühl, Großartiges zu leisten, dominiert. Die Anonymität der Masse erlaubt eine Regression und eine Distanzierung von den bisher gelebten sozialen Codes. Man grölt, schreit, tanzt und skandiert Sprüche. Die Stimmung in der Gruppe heizt an. Nichts spielt dann mehr eine Rolle und man findet die doofste Aktion cool. Eine ähnliche Wirkung haben Sportveranstaltungen. Die Emotionalität, die junge Männer und Frauen ihren Fußballteams als Fans zeigen, ist beeindruckend. »Das schmerzt, tief unten in meiner Seele!«, hörte ich einen Fan hinter mir schreien, als ein Stürmer des Fußballclubs Zürich (FCZ) einen Lattenschuss platzierte und Bayern München immer noch in Führung lag. Zehn Minuten später kam dann endlich die Erlösung! Die FCZ-Fans waren außer sich vor Freude, als endlich, endlich der erlösende Ausgleichstreffer erfolgt war. Kaum zu stoppen waren sie schließlich, fielen sich um den Hals und weinten, als nach einer halben Stunde sogar das Siegestor geschossen wurde. Jubel überall!

Leider entwickeln Massen oft auch eine *destruktive* Dynamik. Die Jugendlichen geraten in einen kollektiven Rausch und schalten ihr Überich aus. Der Gewaltakt ist eingebettet in einer kollektiven Verrücktheit, einem Massenwahn oder einer politischen Aufwallung. Autos werden angezündet, Läden ausgeraubt oder man rennt schreiend auf die gegnerischen Fußballfans los. Es kommt zu einer *Bewusstseinstrübung* und einem Durchbruch archaischer Lust an Gewalt. Die Codes, die man sonst im öffentlichen Raum respektiert, und persönliche moralische Bedenken haben keine Wirkung mehr. In der Anonymität der Masse brechen dunklere Triebe durch.[117] Da man für etwaige Gewalttaten nicht individuell zur Verantwortung gezogen wird, wagt man zuzuschlagen. Man gibt sich der allgemeinen Stimmung hin.

Heute sind auch *soziologische* Erklärungen für die Jugendgewalt verbreitet. Aus der Sicht der Soziologie sind es problematische gesellschaftliche Entwicklungen, die Jugendgewalt fördern. Der Gewaltakt wird nicht primär auf die Motivation, Vorgeschichte oder Psychologie des Jugendlichen zurückgeführt, sondern als eine Ausprägung der Gesellschaft gesehen. Aus demographischer Sicht gibt es einen Zusammenhang zwischen Altersstruktur und dem Ausmaß der Gewalt. Je größer der Anteil der Jugendlichen, desto eher kommt es zu gewalttätigen Ausschreitungen. In Gesellschaften mit einem hohen Anteil an Jugendlichen ist Gewalt weit verbreitet.

Im *veränderten Ausgangsverhalten* wird eine weitere äußere Ursache der Gewalttätigkeit der Jugendlichen gesehen. Viele Metropolen bieten den Jugendlichen die ganze Nacht Fun und Events an. Partys beginnen um Mitternacht und man vergnügt sich bei Alkohol, oft auch Drogen, bis in die Morgenstunden, um dann zur After-Party aufzubrechen. Besucht man Zentren wie Shibuya in Tokyo, den Escher-Wyss Platz in Zürich, Slussen in Stockholm, die Zona Rosa in Mexico City oder Soho in London nach Mitternacht, dann gehört man ab dreißig zum alten Eisen. Junge Leute dominieren die Straßen, die Bars, die Cafés und Clubs. Sie sind unter sich, streifen ihre bürgerliche Existenz ab und vergessen, dass sie sonst den Alltag als Schüler, Student, Lehrling oder Angestellter verbringen müssen.

Um Jugendgewalt zu verhindern, müsse dieses problematische Ausgehverhalten ins Visier genommen werden, wird von politischer Seite gefordert. Man müsse wieder an Altersverordnungen und die Polizeistunde denken und den Clubs striktere Auflagen erlassen, wenn man die Jugendgewalt eindämmen wolle.[118] In den Medien der angelsächsischen Länder wird heftig über das Trinkverhalten debattiert, das in solchen Ausgangsszenen verbreitet ist.[119] Männer wie Frauen betrinken sich bis zur Besinnungslosigkeit.[120] Jugendgewalt könne verhindert werden, wenn man gegen die Ausgangsszenen einschreite.

Solche Forderungen übersehen den Umstand, dass sich Jugendgewalt logischerweise immer dort ereignet, wo sich die

Jugend auch aufhält. Es ist klar, dass wenn sich die Zentren nach Mitternacht mit an die zehntausend und bei speziellen Events[121] sogar hunderttausend jungen Menschen füllen, auch die Wahrscheinlichkeit der Gewalt steigt. Viele dieser Gewaltvorfälle ereigneten sich früher in der Nähe von Bahnhöfen der jeweiligen Dörfer, den Freizeitzentren der Kleinstädte oder auch auf offenen Feldern. Die Jugendlichen aus der Innerschweiz haben zum Beispiel im 13. Jahrhundert mehrmals das Kloster Einsiedeln überfallen, und weite Gegenden Europas waren bis Ende des 18. Jahrhunderts außerhalb der Dörfer und Städte unsicher. Die heutige Jugend sieht in den nachmitternächtlichen Ausgangszonen eine Möglichkeit, unter sich zu sein und sich von den Alten abzugrenzen, so wie sie es früher bei Happenings, in Discos oder im Rahmen der Jugendbewegung Anfang des 20. Jahrhunderts in den Wäldern tat. Es handelt sich also um eine *Verlagerung* und nicht eine zusätzliche Ursache. Außerdem ist die Anzahl der Vorfälle mit der Masse der Jugendlichen in Verhältnis zu setzen, die sich trifft. Oft sind es abertausende Jugendliche, die sich in den Zentren von Städten wie Stuttgart, München, Wien, Rom, Karlsruhe, Berlin, Glasgow oder Seattle treffen. Gemessen an diesen Zahlen kommt es zu wenigen Vorfällen.

Jugendgewalt wird oft auch mit der Verfügbarkeit von Waffen in einer Gesellschaft in Zusammenhang gebracht. Man geht davon aus, dass es einen Zusammenhang zwischen der Anzahl der legalen Schusswaffen und Messer und Jugendgewalt gibt. Gesellschaften mit einer laxen Handhabung des Waffengebrauchs erleiden mehr Gewalt als solche, in denen der Besitz von Waffen strikter geregelt oder sogar verboten ist. Gibt es einen Vorfall unter Jugendlichen, bei denen ein Sturmgewehr oder eine Pistole eingesetzt wird, dann ertönt regelmäßig der Ruf nach einem Verbot aller Waffen. Bei der Jugendgewalt trifft diese Argumentation nicht zu. Wie das Beispiel Großbritannien zeigt, führen striktere Waffengesetze nicht zu einem Rückgang der Vorfälle. Die Mehrzahl der Vorfälle, in denen Waffen eingesetzt werden, wurde zudem schon immer vor allem mit illegalen Pistolen und Messern ausgeführt. Striktere Waffengesetze führen dazu, dass die gesetzestreuen Bürger ihre Waffen abgeben, während Täter sie sich weiterhin illegal besorgen. Zudem kommen bei Gewalttaten von Jugendlichen meistens Messer zum Einsatz, wie sie in jeder Küche Anwendung finden.[122]

Fehlende elterliche Fürsorge, abwesender Vater, gewalttätiges Milieu, Traumata, Gruppendruck, Mangel an Perspektiven, Verführung durch eine Masse, problematisches Ausgangsverhalten, Alkoholmissbrauch, Medienkonsum, die Altersstruktur einer Gesellschaft, Verfügbarkeit von Waffen sind einige Gründe, mit deren Plausibilität wir versuchen, Gewalt *nachvollziehbar* zu machen. Vor allem wenn uns ein Gewaltakt wegen seiner Hässlichkeit und Brutalität abstößt, suchen wir nach Zusammenhängen, auf die wir das abnorme Verhalten zurückführen und von denen wir es bei der Präventionsarbeit ableiten könnten. Wir denken uns, dass der Jugendliche vielleicht beim Streit nicht zum Messer gegriffen hätte, wenn ihm die Schule eine andere Perspektive geboten, die Eltern interveniert hätten, er nüchtern gewesen wäre oder zuhause kein Messer vorgefunden hätte. Die Gefahr solcher Ursachenanalysen ist, dass die Hintergründe und Zusammenhänge eines Gewaltakts zu sehr vereinfacht werden. Es ist wichtig, dass wir in Gründen denken und versuchen, mögliche Zusammenhänge aufzudecken, zur Erklärung der Gewalt genügen diese inneren und äußeren Gründe jedoch nicht. Sie gehen davon aus, dass es nachweisbare Zusammenhänge geben muss, die man korrigieren und durch unseren Willen beeinflussen kann, und übersehen, dass Gewalt nicht nur eine Folge verschiedener kausal miteinander verknüpfter Ereignisse ist. Die Hintergründe der Gewalt sind tiefer und komplexer.

Gewalt ist Ausdruck *menschlichen Verhaltens*. Gewaltakte

können wir darum nicht von der *Psychologie* trennen. Wenn wir einen Gewaltakt verstehen wollen, dann müssen wir uns auch mit der komplexen Persönlichkeitsstruktur des Menschen auseinandersetzen. Wir funktionieren nicht nur nach dem Ursachenprinzip und folgen unserer Vernunft, sondern hinter jeder Handlung verbirgt sich ein kompliziertes Interaktionsmuster zwischen Motiven, Fantasien, Identifikationen, Träumen, Ängsten, Loyalitäten, Mythen, unserem Habitus und unserer persönlichen Geschichte. Außer vielleicht bei disziplinierten Gewalteinsätzen – wie beim Militär oder der Polizei – ist es nicht möglich einen *eindeutigen* kausalen Zusammenhang zwischen einem Gewaltakt und einem zurückliegenden Ereignis oder einer Kontextvariable herzustellen. Es gibt unzählige Komponenten und Motive, die sich in einem konkreten Gewaltakt äußern. Natürlich ergeben sich in der Arbeit mit Jugendlichen oft plausible Zusammenhänge. Wir dürfen diese jedoch nicht mit Kausalursachen verwechseln. Dies betrifft auch die äußeren Gründe. Sicher, der Junge hat zu viel getrunken, hat sich einer gewalttätigen Demonstration angeschlossen und auch ein Messer von zuhause mitgehen lassen. Doch handelt es sich hier um die Gründe? Ein anderer Jugendlicher reagiert bei zu viel Alkohol mit Schläfrigkeit, gerät bei Demonstrationen in die Defensive und denkt nicht an das Messer, das er eventuell mitnehmen könnte. Auf eine ähnliche Familienproblematik, die gleichen emotionalen Verletzungen und bei identischen Ausgangsbedingungen reagiert jeder Mensch wieder anders. Eine *einzige* Kontext- oder Persönlichkeitsvariable kann zu einem völlig anderen Ergebnis führen. Ein Gewaltakt kann also immer nur *multifaktoriell* und nicht in Form von möglichen Kausalbezügen begriffen werden. Auch wenn sich vielleicht sogar statistisch signifikante Zusammenhänge zwischen Ereignissen der Vergangenheit oder einem sozio-kulturellen Faktor und einer bestimmten Kategorie der Gewalt ergeben, handelt es sich immer nur um Tendenzen und *mögliche* Zusammenhänge. Es handelt sich um Hinweise und nicht um Gründe.

Wenn wir nach den Hintergründen von Gewalt forschen, wird es jedoch *noch* komplizierter. Die meisten Menschen haben eine widersprüchliche Haltung zur Gewalt. Keineswegs vermeiden wir Gewalt nur, sondern wir *suchen sie auch auf*.[123] Gewalt ist auch etwas Faszinierendes. Gewaltszenen ziehen uns an, erregen und begeistern uns. Es gibt auch eine *Liebe zur Gewalt*[124] Unsere Psyche grenzt sich also nicht nur von Gewaltakten ab, sondern sucht auch Szenen auf, damit wir erschaudern, erschrecken oder uns sogar erotisch aufladen können. In den Abendnachrichten im Fernsehen betrachten wir Bilder über den Krieg in Afghanistan, verfolgen Entführungen in Mali, entsetzen uns über Randalierer in Frankreich oder die Hooligans in den Fußballstadien. Immer unter dem Vorwand, dass wir über das Weltgeschehen informiert sein müssen, lesen wir von einem Überfall in München, einer Messerstecherei in der Nachbarstadt oder einem Familienzwist in Brüttisellen. Wir suchen Kontakt zum *Schrecklichen*, wollen uns eine Welt vorstellen, in der Grässliches passiert.[125]

Die Faszination für das Schreckliche zeigt sich auch bei Jugendlichen. Da bei der Mehrzahl der jungen Menschen das Interesse an Politik oder gesellschaftlichen Themen noch nicht ausgeprägt ist, äußert sie sich über Killer-Games, Action-Filme oder ihre Demonstrationslust. Ob virtuell, Zeuge oder Beteiligter: Jugendliche suchen die Auseinandersetzung mit dem Schrecklichen. Sie sehnen sich nach einem Kanal zur Gewalt, so wie es erwachsene Männer beim Zeitunglesen oder den Abendnachrichten ihnen tagtäglich vormachen. Die überwiegende Mehrzahl der Jugendlichen will jedoch nicht direkt und persönlich mit Gewalt konfrontiert werden. Gewalt wird nicht als *konkretes Ereignis* gesucht, sondern als *seelisches Bild*. Sie wollen selber nicht dreinschlagen, sondern finden es cool, in virtuellen Spielen Bomben zu legen oder mit einem Maschinengewehr auf einen Eindringling zu schießen. Sie wollen der Qualität der entsprechenden Bilder nachgehen. »Die Tat ... ist die erste Form der Bewusstwerdung.«[126] Wenn wirklich über die Wirkung solcher Bilder reflektiert wird, können sie sogar zu einer größeren Bewusstheit führen. Jugendliche pirschen sich meist an dieses Thema heran, suchen den Kontakt zum Schrecklichen, ohne sich jedoch ganz von diesen Bildern vereinnahmen zu lassen oder die Gewaltaktionen nachzuahmen. Das Phänomen Gewalt erfassen wir nur, wenn wir auch den *finalen* Aspekt der Gewalt mitdenken.

10. Wie jugendliche Gewalttäter friedlich werden
Praktische Arbeit mit dem Anti-Aggressivitäts-Training (AAT)[127]

»Wenn du mit uns kooperierst, dann helfen wir dir, dass du deine beruflichen und privaten Ziele erreichst! Kooperierst du nicht, schwindelst du uns an, dann bist du uns egal!«, teilen wir dem siebzehnjährige Jungen mit und versuchen, ihm in die Augen zu blicken. Wir wollen ihm klar machen, dass *er* sich entscheiden muss, wie es in seinem Leben weitergehen soll. Gewalt ist dabei keine Option! Obwohl wir uns große Mühe geben, den athletischen Jungen von der Notwendigkeit zu überzeugen, an sich zu arbeiten, beeindrucken ihn unsere Worte nicht. Wir kommen uns vor, als würden wir an eine Wand sprechen. Wie kann man diesen jungen Mann überzeugen, dass die Beleidigung »deine Mutter« ihn nicht dazu berechtigt dreinzuschlagen? dass es falsch war, einem Bekannten das Handy zu stehlen, auf ihn einzudreschen, und dass es keine gute Idee war, einen Rivalen auf dem Barfüsserplatz abzupassen und zu erpressen. Der siebzehnjährige Junge blickt uns spöttisch an. Sollen sie doch ruhig reden, diese Psychotypen.

Wenn man mit gewalttätigen Jungen arbeitet, hat man nicht nur Erfolge aufzuweisen. Man wird oft frustriert, regt sich auf und überlegt sich, ob man nicht lieber Schulpsychologe in Brüttisellen geblieben wäre. Arbeit mit gewalttätigen Jugendlichen ist eine große Herausforderung. Die meisten jungen Männer lassen sich weder durch harte Worte, Verträge, Strafandrohungen oder eine sanfte Sprache beeinflussen. Viele haben in der ersten Sitzung keine Lust auf therapeutische Gespräche. Besuche bei Psychologen haben bei ihnen nicht höchste

165

Priorität. Gesellschaft ist »Scheiße« und das Urteil ungerecht, basta! Wenn man sich als Psychologe oder Sozialarbeiter auf diese Klientel einlässt, braucht man ein dickes Fell, Geduld und nochmals Geduld. Und noch etwas: Menschenliebe. Der Mensch ist ein Wesen, das Stärken und viele positive Seiten aufweist, doch leider auch fies, gemein und gewalttätig sein kann. Der Schatten ist eine Realität des menschlichen Daseins.[128] Menschenliebe heißt darum, den Menschen in seinem inneren Widerspruch zu akzeptieren. Innerlich muss man der Überzeugung sein, dass es sich trotz der Abwehr, Coolness und der Frechheiten lohnt, mit diesen jungen Männern zu arbeiten. Diese Überzeugung gründet nicht in Idealismus, sondern der Erfahrung, dass es sich bei vielen dieser jungen Männer um verlorene Seelen, verirrte oder traumatisierte Personen handelt. Natürlich sind sie schuldig, müssen die Verantwortung für ihre Aktionen übernehmen. Doch auch wenn ihre Taten schockieren und Rachgefühle aufsteigen lassen, besteht bei acht von zehn Jugendlichen, die uns von den Jugendgerichten geschickt werden, Hoffnung. Es handelt sich nicht einfach um Gewalttäter, vor denen in den Zeitungen gewarnt wird und die in der öffentlichen Meinung wegen ihrer Taten die nächsten sechs oder mehr Jahre in einem Gefängnis sitzen sollen, sondern auch um Menschen. Ihre Taten sind nicht immer Ausdruck einer psychopathischen Neigung, sondern oft vielfach Resultat unglücklicher familiärer Umstände, sozialer Missständen oder einer gescheiterten Integration. Die Jugendlichen, die zu uns geschickt werden, leiden oft unter ihrer Geschichte oder wurden nicht in die Gesellschaft eingebunden. Hinter ihrer Gewalt verstecken sich oft Profilierungswünsche oder die Hoffnung auf eine Auseinandersetzung mit Repräsentanten des Systems. Gibt es da jemanden, der sich mir entgegenstellt? Stattdessen werden sie aus Schulen entfernt, es werden Strafen verhängt und Klärungsgespräche durchgeführt. Viele haben die psychologische Bedeutung ihrer Tat noch nicht erfasst. Sie wurden von einem unbewussten Drang nach Schuld getrieben. Die meisten Jugendlichen, mit denen wir zu tun haben, verfügen über Ressourcen. Man kann sie erreichen und eine Haltungsänderung bewirken. Sie haben trotz ihrer entsetzlichen Taten ein Recht, dass man ihnen hilft, ein gewaltfreies Leben zu führen und die tiefere Bedeutung ihrer Taten zu entschlüsseln. Die Alternative wäre, sie lebenslang wegzusperren und jede Wiedereingliederung auszuschließen.[129] Dies würde jedoch nicht nur unsere Gesellschaft überfordern, sondern ist auch ethisch problematisch. Die Schattenthematik, die sich in ihren Taten manifestiert, würde damit verdrängt. Im Gegensatz zu den erwachsenen Gewalttätern handeln die meisten jugendlichen Täter nicht aus krimineller Energie, sondern ihr Delikt ist Ausdruck einer Verirrung, eines Hilferufs oder einer unbewussten Thematik. Man muss also versuchen, junge Männer, die in eine Gewaltszene abglitten oder ihre Affekte nicht unter Kontrolle haben, auf den richtigen Weg zu bringen.

Bei der Vorgehensweise muss man jedoch viele therapeutische Konzepte und Ansätze über Bord werfen: die Betonung des Gesprächs, die therapeutische Abstinenz, das Setting und das Konzept der Nacherziehung durch Verhaltenstrainings. Unbedingtes Ziel des Anti-Aggressions-Trainings ist jedoch die Gewaltfreiheit. Hier gibt es von unserer Seite keine Diskussion. Gewaltfreiheit ist jedoch nicht nur ein Ziel, sondern eine *therapeutische Haltung*. Wenn man mit jungen Gewalttätern arbeitet, dann muss man auch *innerlich* der Überzeugung sein, dass es Mittel und Wege gibt zu verhindern, dass wir bei Konflikten mit Gewalt reagieren. Diese Überzeugung vertreten wir, auch wenn uns bewusst ist, dass es Gewalt natürlich immer geben wird und auch Situationen, in denen ein Gewalteinsatz legitimiert ist. Gewalt ist auch Teil unserer Seele. Es gilt aber, Gewalt zu verhindern, wo sie *nicht* angebracht ist. Man raubt keinen Kumpel aus, weil er schlecht über einen redet oder schlägt aus Langeweile auf einen armseligen Penner ein. Die Botschaft muss sein: Konflikte sind normal, sich vehement zu wehren oft notwendig und seine Wut auszudrücken gesund. Wir dürfen *gegen* jemand sein, eine *andere* politische Haltung vertreten oder eine Gruppierung ablehnen, doch niemand hat das Recht, aus Rachegefühlen oder Aggressionslust loszuschlagen.

Unser AAT-Programm beginnt mit einer Begegnung zwischen uns und dem Jungen. Meistens sehen wir ihn zu zweit. Er kommt zu uns, weil er vom Jugendgericht die Auflage erhält, dieses Training zu absolvieren. In der ersten Sitzung geht es darum abzuklären, ob er *wirklich* gewillt ist, an sich zu arbeiten und sich auf das AAT-Programm einzulassen. Bevor wir das Erstgespräch mit einem Jungen führen, müssen wir über seine Taten genau im Bild sein. Ausgangspunkt sind die *konkreten Vorfälle*, wie sie von der Polizei, der Schule, den Sozialarbeitern oder anderen Bezugspersonen geschildert werden. Wir erhalten die Akten vom Jugendgericht, studieren die Vorfälle und die Protokolle der Gerichtsverhandlungen. Die Aussagen der Jugendlichen, der Opfer und eventueller Zeugen sind wichtig, weil wir uns so auf die Vorfälle einstimmen können. Der Junge darf für uns kein unbeschriebenes Blatt sein, sondern wir konfrontieren ihn mit unserem Wissen über ihn: Uns ist bekannt, dass er einen Lehrer attackiert hat, auf einen Polizisten losging oder jemanden im Rausch am Bahnhof zusammenschlug. Wir werden von diesen Hintergrundinformationen über die Jugendlichen beeinflusst. Oft sind wir entsetzt, wenn wir lesen, dass ein Siebzehnjähriger wegen des angemeldeten Jungen einen dauerhaften Gehörschaden davontragen wird und der Junge sich nicht einmal die Mühe gegeben hat nachzusehen, ob sein Kontrahent nach seinen Faustschlägen aufstehen konnte. Bei anderen Jugendlichen sind wir verwirrt: Wie war es möglich, dass der sonst anständige kaufmännische Lehrling seinen Stiefvater attackierte, dass ein Gymnasiast meinte, einem Rivalen auflauern und ihn zusammenschlagen zu müssen! Emotionen steigen in uns auf, wir leiden mit den Opfern, die sich nicht mehr trauen, nach draußen zu gehen oder sich nach einer Attacke kaum mehr in eine Straßenbahn wagen.

Beim AAT-Programm geht es nicht primär um das Benehmen *während* der Sitzungen, sondern um das Verhalten *draußen*. Im Fokus bleibt für uns das Verhalten der Jugendlichen beim Ausgang, nach einem Trinkgelage, im öffentlichen Verkehr oder nach einem sportlichen Großereignis. Während der therapeutischen Sitzungen können sich Jugendliche anpassen und es gibt immer solche, die *täuschen*. Während der Sitzungen betonen sie ihre Friedensbereitschaft und Einsicht, draußen zeigen sie ihr wahres Gesicht. Wir befassen uns auch mit den aktenkundigen Vorfällen, um nicht durch unsere Empathie irregeleitet zu werden. Man kann den schlimmsten Gewaltverbrecher verstehen und sich in seine Beweggründe einfühlen. Aus der Innensicht wird manches Verbrechen zu einem harmlosen Missgeschick oder Unfall. Mit Hilfe unserer Empathie können wir nachvollziehen, dass jemand sich nur gewehrt hat, nachdem er sich durch einen Ausländer bedroht gefühlt hat oder wegen einer verbalen Beleidigung tief verletzt war. Bei der Arbeit mit Gewalttätern hilft darum Empathie *allein* nicht weiter. Wir dürfen die Taten nicht aus dem Blick verlieren. Es muss uns bewusst sein, dass vor allem skrupellose Menschen ihre wirklichen Motive zu verstecken wissen. Oft verfügen sie über eine hohe Sozialkompetenz, die ihnen hilft, ihre Schattenseiten zu verbergen.[130] Wir werden getäuscht. Solche Jugendliche wirken im Einzelkontakt zugänglich, nett und wir können uns nicht im Traum vorstellen, dass sie eine Gewalttat begangen haben. Man muss sich darum immer wieder die Taten in Erinnerung rufen, um nicht durch Charme, Schmeicheleien oder taktische Manöver hinters Licht geführt zu werden. Wir alle laufen Gefahr, geschickten Tricksern auf den Leim zu kriechen.

In der Nacht habe er Angstattacken und außerdem verfolge ihn immer wieder eine Erinnerung aus der Kindheit, gestand der Gefangene einem Betreuer. Er wolle an sich arbeiten. Der Mann musste wegen eines Raubüberfalls auf eine Bank in Gamla Stan, Stockholm, eine mehrjährige Gefängnisstrafe absitzen. Er brauche eine Therapie, meinte er. Die Gefängnisleitung ging auf sein Ansinnen ein. Der Mann war zudem sicher, dass nur ein bestimmter Psychotherapeut ihm weiterhelfen könne. Es handelte sich um eine bekannte Persönlichkeit, die auch im Fernsehen aufgetreten war. Die Therapie wurde bewilligt. Während der Sitzungen fand der Gefangene heraus, dass er als Kind vergewaltigt worden war. In intensiven psychotherapeutischen Sitzungen wurden diese traumatisierenden Ursachen aufgedeckt und durchgearbeitet. Nach einem Jahr hatte er sich geläutert, die Ursachen seines asozialen Verhaltens waren nun klar und er machte den Eindruck, ein Anderer geworden zu sein. Wegen dieser positiven Entwicklung wurde er vorzeitig entlassen. Er selber willigte nur ein, wenn er die Therapie draußen fortführen könne.

Eine Woche später gab es in Malmö einen Banküberfall, der seine Handschrift trug. Aufgrund von Ausschreibungen wurde er nach drei Wochen gefasst und landete wieder im Gefängnis. Man hörte nichts von ihm. Nach zwei Jahren meldete er sich bei einem bekannten Radioprediger. Seine Predigten hätten einen tiefen Eindruck auf ihn hinterlassen, gestand er. Er wolle mehr hören und fragte, ob man nicht im Gefängnis einen Gottesdienst abhalten könne. Der Prediger willigte ein und es wurde eine eindrückliche Veranstaltung in der Gefängniskapelle durchgeführt. Unser Bankräuber war tief beeindruckt und verlangte selber das Wort: er habe Jesus entdeckt, verkündete er, und er wolle die frohe Botschaft des Evangeliums in die Welt hinaustragen. Er wurde zu einem bekannten Gefangenenprediger. Das Fernsehen interessierte sich für ihn und er sprach im Radio. Sein Erfolg war überwältigend und seine Worte überzeugend. Aufgrund einer besonderen Regelung wurde ihm eine Predigt außerhalb der Gefängnismauer erlaubt. Er verschwand.

Einige Zeit später geschah ein Banküberfall, der typisch für ihn war. Dieses Mal hatte er eine Schusswaffe eingesetzt. Man war entsetzt. Er war jedoch nicht auffindbar. Nach ein paar Monaten spürte ein Reporter ihn auf einer Karibik-Insel auf. Er lebte dort in Saus und Braus, vergnügte sich mit Frauen und ordinären Strandanlässen. Das Predigen hatte er vergessen.

Um uns vom Auftritt und dem Benehmen eines Jugendlichen nicht täuschen zu lassen, konfrontieren wir ihn mit den Vorfällen und drücken aus, dass wir erschüttert sind und verhindern wollen, dass so etwas wieder passiert. Wir teilen den Jugendlichen mit, dass sie mit uns arbeiten können. Wir machen ihnen jedoch auch klar, dass wir nicht um sie buhlen oder um Mitarbeit bitten. Wir nehmen nur jene Jugendlichen, von denen wir überzeugt sind, dass sie wirklich mitmachen und bereit sind, an sich zu arbeiten. Nicht jeder darf mitmachen. Sie müssen uns überzeugen, dass es sich lohnt mit ihnen zu arbeiten.

Die Jungs reagieren unterschiedlich. Viele geben sich lammfromm und betonen, dass sie Gewalt ablehnen. Sie meinen, dass das Ganze ein Missverständnis sei und sie Opfer einer Intrige oder falschen Beschuldigungen seien. Andere Jugendliche geben sich renitent und störrisch. Wie obiger Junge wollen sie nichts mit uns zu tun haben. Sie verharren in einer arroganten, distanzierten Haltung. Wieder andere sind verwirrt. Fast alle behaupten jedoch, dass sie Gewalt ablehnen. Ihr Verhalten spricht eine andere Sprache. Es fehlt ihnen der Bezug zu sich selber. Wenn wir sie beim Erstgespräch mit ihren Taten konfrontierten, lenken sie ab, können sich nicht mehr gut erinnern oder es kommen die üblichen Ausreden. »Natürlich bin ich für das Gespräch! Ich habe den anderen

171

zweimal aufgefordert, sich zu entschuldigen, doch er wollte nicht hören«, rechtfertigte sich ein junger Mann bei mir. Auch eindeutige Täter sind oft überzeugt, korrekt gehandelt zu haben. Sie schützen sich, indem sie sich auf die Werte berufen, die auch uns wichtig sind. Sie hätten sich gegen einen Nazi wehren müssen, kämpften gegen Rassismus oder hätten lediglich eine Frau beschützen wollen. Während der ersten Sitzung interessieren uns solche Erklärungen nicht. Entscheidend ist ihre Einsicht, dass sie ein Problem haben, an dem gearbeitet werden muss.

Wenn sich ein Jugendlicher abwehrend oder zynisch verhält, dann ändern wir die Taktik. Wir ignorieren ihn. Wir lassen ihn mit seinem coolen oder zynischen Verhalten ins Leere laufen und beschäftigen uns mit uns selber. Statt uns auf ihn auszurichten, beginne ich ein Gespräch mit meiner Kollegin oder meinem Kollegen. Wir unterhalten uns dann über private Themen, die Freizeit oder blödeln. Der Junge interessiert uns dann scheinbar nicht mehr. Wir wenden uns ihm erst wieder zu, wenn er auf seinem Stuhl hin und her rutscht und sich wahrscheinlich fragt, was er bei diesen komischen Psychologen verloren hat. Wir wählen diese Taktik, weil viele Jugendliche gewohnt sind, bei Kontakten mit sozialen Institutionen im Zentrum zu stehen. Sie sind ein interessanter Fall und alle reden auf sie ein. Sie fühlen sich wichtig, weil man sich mit ihnen beschäftigen muss. Sie geben sich Bedeutung, weil sie ein Sozialfall sind und alle sich über sie entsetzen. Da wir bei diesem Spiel nicht mitmachen wollen, strafen wir sie zunächst mit Missachtung, wenn sie glauben, sich im Erstgespräch distanziert und abgeklärt geben zu müssen. Erst wenn er unruhig wird, wenden wir uns ihm zu und stellen Fragen. »Hast du überhaupt etwas bemerkt, als du uns beim Gespräch zugehört hast?«, frage ich oder meine Kollegin den Jungen beiläufig. Natürlich wissen sie mit einer solchen Frage nichts anzufangen. Sie blicken uns in der Regel verdutzt an. »Vielleicht hast du gemerkt, woher ich komme«, frage ich dann eventuell weiter. Die meisten Jungen sind in solchen Situationen um eine Antwort verlegen. »Weißt du, woher meine Kollegin kommt?« »Sie kommt aus Luzern oder so?«, wird er möglicherweise mutmaßen und zu mir sagen: »Sind Sie aus Zürich?« Wenn sie eine solche Antwort geben, antworte ich: »Ich komme nicht nur aus Zürich, nein, mehr: ich komme aus der *coolsten* und *spannendsten* Stadt der Schweiz. Dort, wo ich lebe, läuft etwas, und außerdem sind wir Zürcher schlauer, fixer und interessanter als die Bewohner anderer Städte. Ich verstehe, dass du gewalttätig bist! In einem solch langweiligen Nest wie Bern bleibt dir keine andere Wahl!«

Natürlich handelt es sich um eine Provokation. Die Worte sind nicht ernst gemeint. Wenn wir jedoch regionale Identitäten, die Zugehörigkeit zu einem Fußballclub oder sogar eine nationale Identität ansprechen, dann locken wir viele coole Jungs aus der Reserve. Durch solche Provokationen bringen wir diese Jugendlichen dazu, sich *wirklich* zu zeigen und mit uns Kontakt aufzunehmen. Die meisten renitenten Jugendlichen wachen auf, legen ihre Coolness ab und widersprechen uns: »Stimmt überhaupt nicht: Bern hat genauso viel zu bieten wie dieses Zürich!«, entgegnen einige vehement. Wenn sie auf diese Weise reagieren, gehen wir einen Schritt weiter. »Ja sicher? Wenn das so ist, dann beweise es! Reden kann jeder!« Wir fordern sie anschließend auf, mit uns hinauszugehen und in der Stadt *konkret* jene Orte oder Gegenden zu zeigen, in denen etwas läuft, die cool sind. Wir möchten, dass die Jungen uns beweisen, dass ihr Bern auch *lebenswert* ist. Zu dritt brechen wir dann zu einem kleinen Stadtspaziergang auf.

Diese Stadt- oder Szenenspaziergänge erfüllen verschiedene Funktionen. Es zeigt sich immer wieder, dass Jungen sich öffnen, wenn sie sich *bewegen* können. Gespräche in sitzender Stellung, von Angesicht zu Angesicht, liegen ihnen weniger. Sie beginnen sich einzuigeln, wenn sie sich den direkten Blicken eines Therapeuten ausgesetzt fühlen. Oft haben sie auch schon zu viele Gespräche mit Sozialarbeitern, Psychologen, der Polizei oder Lehrern gehabt und empfinden darum das direkte Gespräch als einen Unterwerfungsakt. Wenn sie jedoch neben einem her gehen, den Blick auf die Umgebung oder andere Menschen schweifen lassen können, dann lockert sich ihre Zunge. Das direkte Kontaktgespräch, das in Therapien die Norm ist, erleben viele als mühsam. Will man mit solchen Jungen in Kontakt treten, muss das Gespräch die Qualität eines zufälligen verbalen Austauschs oder einer belanglosen Plauderei haben.

Die Stadt- oder Szenenspaziergänge geben den Jungen auch die Chance, uns *ihre* Welt zu zeigen. Sie berichten von ihren Schlägereien, zeigen die Lokale, in denen sie sich treffen, präsentieren die Tags, die sie sprayten und die dunklen Ecken, in denen illegale Geschäfte getätigt werden. Einige Jungen prahlen, andere schwindeln uns an und wieder andere sind beschämt. Sie stellen sich als Held, Täter oder Kämpfer vor, während wir als Greenhorns neben ihnen herwatscheln. Je nachdem was sie uns erzählen sind wir entsetzt, erstaunt, leicht gelangweilt oder einfach interessiert. Natürlich ist uns bewusst, dass viele Schilderungen nicht stimmen. Wahrheit und Fiktion vermischen sich. Erlebnisse, die sie vom Hörensagen kennen, werden als eigene Erfahrung präsentiert, und andere Vorkommnisse werden grandios übertrieben: Ein harmloser Streit wandelt sich zu einem Kampf der Titanen. Andere Jugendliche banalisieren: Aus einer nachweislich brutalen Auseinandersetzung wird ein schlichter Streit. Bei den Spaziergängen geht es uns nicht um ein Aufnehmen der Tatbestände, sondern wir geben den Jugendlichen eine Gelegenheit, von ihren Erfahrungen, Fantasien, ihrem Ärger und ihren Hoffnungen zu berichten. Durch die Spaziergänge erhalten wir Einblick in ihre Lebenswelt und ihr Freizeitverhalten. Sie stellen uns ihre Welt vor und müssen sich nicht als erstes den Codes und Erwartungen der Erwachsenen fügen. Sie erzählen uns *Geschichten*, die oft wenig mit der Realität zu tun haben, jedoch ihre Seelenwelten widerspiegeln. »Nächstens wird es hier zu einer Abrechnung kommen, es geht um Rache, Ehrverletzung. Ekrem hat Sahard bezichtigt, einen Schuppen angezündet zu haben! Sahard lässt nicht nach, total krass!« informierte uns ein Junge. Tatsächlich war jedoch nichts geschehen. Den Rachefeldzug hatte sich der Junge in seiner Fantasie ausgemalt. Vor allem bei leicht machistischen Jugendlichen ist es wichtig, dass sie zuerst ihre *Performance* abspielen können, bevor man von ihnen etwas verlangt. Der Anpassung geht der Selbstdarstellungsakt voraus. Durch die Spaziergänge erhalten die Jugendlichen eine Bühne, so dass sich ihr Selbstwertgefühl erhöht, und es ist für sie möglich, über sich zu reden und sich uns anzunähern. Nach ihrer Performance zeigen die meisten Jugendlichen ein offenes Ohr für unsere Anliegen. »Worum geht es eigentlich bei Ihren Gruppen?«, fragen dann manche Jungen.

Interessant ist, dass die Jugendlichen ihre Umgebung mit anderen Augen sehen als wir Erwachsene. Vernachlässigte Parks und schummrige Lokale werden zu zentralen Treffpunkten und gepflegte Stadtteile sind verpönt. Niemand geht ins City-West, und im Rosengarten trifft man sich nur bei Abrechnungen. Randzonen werden zu Szenetreffpunkten: in einem Park, bei dem man über die Stadt blicken kann, geschieht »alles«, oder vor einer alten Reithalle »geht es immer los.« Gewisse, sonst unbedeutende Läden haben bei den Jugendlichen Kultstatus.

Aus den Beschreibungen der Vorkommnisse der Jungen hört man jedoch noch mehr heraus. »Vor der Reiterhalle begegneten sich letzten Sommer ein Somalier und zwei Albaner. Die Albaner wollten auf den Somalier los, bedeuteten ihm, er solle herauskommen, dieser war jedoch sturzbetrunken. Ich trat vor die Halle, hielt meine Hände in meiner Jacke und blickte die zwei an und fragte, was sie wollen. Sie verzogen sich sofort. Ich hatte sie geblufft!« Viele Geschichten der Jugendlichen haben *archetypische* Züge. Damit ist gemeint, dass Themen auftauchen, die die Menschheit schon immer beschäftigt haben: Verrat, Heldentum, List, Intrigen, Abwehr des Bösen und Machtkämpfe zwischen Gruppen.[131] Mit Hilfe dieser Geschichten beseelen die Jugendlichen ihre Umwelt. Sie projizieren ihre eigenen Spannungen, Sehnsüchte und Frustrationen auf die Umgebung, in der sie leben. Sie kreieren sich eine Welt, in der sie kämpfen, sich Risiken aussetzen und verletzt werden können. Eigentlich machen sie sich ihre Umgebung zur Heimat, indem sie ihr unheimliche Züge andichten. Sie geben sich ein spannungsgeladenes Milieu, damit sie in die Erwachsenenwelt eintreten und an den großen Dramen des Lebens teilhaben können. Mangels offizieller, kollektiver Anschlussrituale schaffen sie sich ihre eigenen Tests und Mutproben. Sie entwerfen sich eine Umgebung, in der sie sich profilieren, Ängste überwinden und die sie schließlich als Mann verlassen können. Eine adrette Vorstadtsiedlung verwandelt sich in ihrer Vorstellung zu einem Ghetto von South Chicago, und der Vorplatz eines Einkaufszentrums wird zu einem Treffpunkt der Mega-Gangstas. Viele Jungen wollen mit Gefahren konfrontiert werden, wagen Tabubrüche und streben nach existentiellen Herausforderungen, damit sie sich eine eigene Geschichte spinnen können und so in die Erwachsenenwelt aufgenommen werden.

Nach den Spaziergängen kehren wir in das Besprechungszimmer zurück. Zuerst kommentieren wir den Spaziergang. Anschließend teilen wir dem Jungen mit, dass es nun um die Frage der Teilnahme in der Gruppe geht, darum, ob er fähig ist, in dieser Gruppe mitzuhalten. Wir nehmen nur Jungen auf, die *wirklich* an sich arbeiten wollen und es mit dem Thema Gewalt ernst meinem. Wir sagen dem Jungen, dass er uns davon überzeugen muss, ob es sich lohnt, mit ihm zu arbeiten. Gelingt ihm das, nehmen wir ihn auf. Scheitert er, informieren wir das Jugendgericht, dass es ihm an Einsicht und Motivation fehlt. Wir teilen dem Jungen mit, dass die Teilnahme mentale Stärke voraussetzt und die Fähigkeit, sich *wirklich* vertieft mit sich selber auseinanderzusetzen. Nicht jeder sei dazu fähig, wir nehmen nur die Stärksten. Verhält sich ein Junge nach dem Spaziergang immer noch renitent und wenig kooperativ, dann weisen wir ihn zurück. Es darf uns nicht interessieren, welche Folgen unsere Entscheidung hat. Der Junge darf sich allerdings nach zwei Wochen nochmals melden.

Wenn die Jungen realisieren, dass sie sich um die Aufnahme in der Gruppe bewerben müssen und sie nicht einfach aufgenommen werden, erhöht dies die Attraktivität der Gruppe. Wenn sie beteuern müssen, dass sie wirklich an sich arbeiten, der Gewalt abschwören und den Eigenanteil reflektieren müssen, ändert sich ihre Erwartungshaltung. Die Gruppe wird als Herausforderung wahrgenommen. Das AAT-Programm ist nicht nur eine Auflage, die man wohl oder übel erfüllen muss, sondern eine persönliche Aufgabe. Man kann auch scheitern. Die jungen Männer fühlen sich von uns auch als Täter respektiert. Die Teilnahme bedeutet nicht, dass sie sich nun zu einem braven Bubi verwandeln müssen, sie behalten ihren Status als harter Kerl. An drei Sitzungen dürfen sie teilnehmen, erst dann wird über die definitive Aufnahme entschieden. Dank dieser Bedingungen legen die meisten Jungen ihre Renitenz und ihren Zynismus ab, beteuern, dass sie mitarbeiten werden. Die verbale Bekundung zu kooperieren ist jedoch nur der erste Schritt des AAT-Programms. Das mentale Eingeständnis erlaubt uns, die Arbeitsweise und Thematik der ersten Gruppensitzungen zu definieren und verhindert, dass wir uns auf langwierige Diskussionen über den Sinn der Sitzungen einlassen müssen. Die Jungen wissen: der Ausgangspunkt der Arbeit ist ihre Tat, und sie haben versprochen zu kooperieren.

Ob sie dazu fähig sind und es wirklich wollen, ist natürlich offen.

Nun beginnen die Gruppensitzungen. Eine Sitzung dauert in der Regel zwei Stunden. Die Gruppengröße variiert zwischen 5 und 11. Die Altersspanne liegt zwischen 15 und 20. Meistens kennen sich die Jugendlichen nicht. Sie wissen jedoch, dass sie alle wegen einer Gewalttat da sind, alle ein Problem mit ihren Aggressionen haben. Die einzelnen Sitzungen verlaufen nach einem ähnlichen Schema. So wissen die Jugendlichen, was sie erwartet und lassen sich einfacher disziplinieren. Die Sitzungen werden rasch zu Routine.

Der richtige Ort

Im Hintergrund hört man das Zischen von Schweißmaschinen, gelegentlich ertönt das Klopfen eines Hammers oder das Brummen einer Lokomotive; Schilder warnen vor der lebensgefährlichen Hochspannung, Fässer stehen herum und zwischendurch trifft man auf einen schweißgebadeten Mechaniker: In der gigantischen Halle des Depots der Bern-Lötschberg-Simplon-Bahn läuft immer etwas. Wir sind mit den Jungen in einem großen Vorraum eines Depots, den uns die Leitung der Bahn zur Verfügung gestellt hat. Im Raum dominiert die Technik, und außerdem stehen Werkzeuge und Apparaturen herum. Es riecht nach Metallschmiere.

Unser Verhalten, unsere Gefühle und Wahrnehmung werden von den Räumen beeinflusst, in denen wir uns bewegen. In einer Kirche fühlen wir uns erhaben oder demütig, in einer düsteren Bar drängen sich uns verruchte Bilder auf und in einem Krankenhaus beginnen wir zu kränkeln. Der Kontext beeinflusst unsere Stimmungen und Einstellungen. In der Gruppentherapie verhält es sich ähnlich. Der Raum beeinflusst die Einstellung der Teilnehmer einer Gruppe. Die Kunst ist, die

Sitzungen an einem Ort abzuhalten, der den Teilnehmern entspricht. Den richtigen Raum oder *Temenos*[132] zu finden, ist darum ein besonders Anliegen des AAT-Programms. In einem strengen klinischen Setting fühlen sich viele Jungen fremd und unwillkommen. Sie haben das Gefühl, aufs Private und Persönliche reduziert zu werden und sich einem Gesundheitsregime unterwerfen zu müssen. Sie sehen sich als Therapiefälle. Der klinische Raum ignoriert außerdem die Größenfantasien und Mythen, die die Jungen innerlich umtreiben und die sie in ihre urbane oder dörfliche Umgebung projizieren. Ihre Fantasien drehen sich nicht um Sitzungen mit einem empathischen Psychiater, Psychologen oder Sozialarbeiter, sondern beziehen sich auf die Außenwelt. Im therapeutischen Setting fühlen sie sich beziehungslos. Wenn wir als Therapeuten wollen, dass sich die jungen Männer öffnen und kooperieren, dann müssen wir die Sitzungen gelegentlich in Räumen durchführen, die ihre Imagination anregen und ihren Fantasien entsprechen. Wir müssen uns in Räume wagen, die nicht nur nach Gesundheit und Anpassung riechen. Bei unserem AAT-Programm suchen wir darum die Stadt nach Örtlichkeiten ab, in denen sich die Jungen heimisch fühlen und die sie mit ihren Mythen und Fantasien verbinden. Es kann sich um eine alte Dampfzentrale, die Vorhalle einer Papierfabrik, das Parlamentsgebäude, die Räume einer Brauerei, einer Kaserne, dem Depot einer Eisenbahngesellschaft oder um eine vergammelte Reiterhalle handeln. Entscheidend ist, was die Räume kommunizieren. Sie sollten ein Grundthema unserer Gesellschaft repräsentieren.[133] Wenn man sie betritt, muss man das Gefühl haben, man partizipiere an der existentiellen Herausforderung: Man ahnt, welche Anstrengungen für die Aufrechterhaltung des öffentlichen Verkehrs geleistet werden, spürt die Energien, die für die Herstellung von Papier aufzuwenden sind, erlebt den Einsatz, den es für die öffentliche Sicherheit braucht. Die Jungen erfahren indirekt, was es braucht, damit eine Gesellschaft funktioniert, welche Anstrengungen für die Bändigung von Energien oder der Befriedigung der existentiellen Grundbedürfnisse aufgewendet werden. Oft ändert sich die Stimmung unter den Jugendlichen, sobald sie solche Räume betreten.

Auch der Gang von unserer kantonalen, staatlichen Institution zum Austragungsort unserer Sitzungen hat eine besondere Bedeutung. Wie bringt man 5 bis 10 Jungen dazu, rasch und zielgerichtet von der kantonalen Erziehungsberatung zum Tramdepot oder der Dampfzentrale zu gelangen? Viel Zeit darf dafür nicht aufgewendet werden, sonst geht wertvolle Sitzungszeit verloren. Die Gefahr ist, dass die Jungen trödeln. Anfänglich versuchten wir es auf gewohnte Weise: Mahnungen sich zu beeilen, Wegerklärungen, Aufforderungen, schnell aufzubrechen, hinter den Jungen hergehen und immer wieder den Polizisten spielen. Mit dieser Taktik kamen wir jedoch rasch an unsere Grenzen. Die Jungen provozierten, übten sich in Langsamkeit und wollten alle fünfzig Meter eine Unruhepause einschalten. Sie nutzen den Weg, um uns ihre Autonomie zu beweisen. Nach diesen Erfahrungen änderten wir unsere Taktik: Statt in einer geschlossenen Gruppe zum entsprechenden Ort zu gelangen und sie zu beaufsichtigen, liefen wir ihnen davon. Nachdem wir ihnen kurz das Ziel bekanntgegeben hatten, verließen wir die Räumlichkeiten der Erziehungsberatung und entfernten uns, ohne zurückzublicken und uns darum zu kümmern, ob sie uns folgen. Wir schritten zielstrebig zum Austragungsort der Sitzung. Mussten wir öffentliche Verkehrsmittel benutzen und drohten wir eine Straßenbahn oder den Bus zu verpassen, legten wir einen kurzen Spurt ein. Ob uns die jungen, kräftigen Kerle nachkommen würden, interessierte uns nicht. Natürlich meckerten sie, wenn die Straßenbahn davonfuhr, sie die nächste Bahn abwarten und schwarz fahren mussten, weil wir ja die Sammelfahrkarte bei uns trugen.

Wenn wir auf diese Weise zum Sitzungsort gehen, ändert sich die Dynamik unter den Jungen. Die Trödelei wird abgelegt und der Jagdinstinkt erwacht. Aus einer trägen Masse wird eine gestresste Truppe. Die Jungs wollen mithalten und strengen sich an. Sie verzichten auf Rauchpausen und rennen sogar, um einen Bus zu erwischen. Es geht um den Ehrgeiz, ob sie uns Alten überhaupt noch nachkommen. Es ärgert sie, wenn sie uns nicht mehr sehen oder verspätet erscheinen. Einzelne beschweren sich: Wieso habt ihr nicht gewartet? »Wenn ihr uns nicht folgen könnt, dann habt ihr ein Problem, nicht wir!«, antworten wir ihnen.

Abklärung der Hierarchien

»5 Minuten und 21 Sekunden!« Der Junge macht ein verkniffenes Gesicht, flucht und beugt seinen Körper zur Seite. Die Zweiliterflasche scheint eine Tonne zu wiegen. Der Junge kann sie fast nicht mehr mit seinem ausgestreckten Arm hochhalten. Die anderen Jungen klatschen, johlen und muntern ihn auf durchzuhalten.

Nach der Ankunft in den Räumen müssen sich die Jungen zuerst als Gruppe formieren. Sie müssen Vertrauen zueinander gewinnen, bevor wir mit ihren Themen beginnen können. Sie wissen, dass sie alle Probleme mit Gewalt haben und als Täter gelten. Wenn sie einer Gruppe beitreten, dann wollen sie jedoch als Erstes wissen, wer die Anderen sind und welche Position sie in der Gruppe einnehmen werden. Die Hierarchien müssen geklärt werden, bevor man die persönlichen Themen aufgreift. Sie beziehen sich auf verschiedene Themen: Körperkräfte, Humor, Schulleistung, Fachkenntnisse, sportliche Fähigkeiten, Drogenerfahrungen oder Frauenbekanntschaften. Damit es nicht unterschwellig zu Machtkämpfen kommt, gehen wir beim AAT-Programm das Thema *offen-*

siv an. *Wir* möchten wissen, wer der Stärkste der Gruppe ist, wer die schlimmste Gewalttat verübt hat und am meisten Frauenbekanntschaften hatte. Die Methoden, um das herauszufinden, sind unterschiedlich. Eine Möglichkeit, den Stärksten unter der Gruppe zu bestimmen, ist der Flaschentest, eine andere Möglichkeit ist ein Armdrückwettbewerb oder Gewichtheben. Wichtig ist, dass man sich einig ist über die Regeln und die Bestimmung des Siegers. Wenn wir herausfinden wollen, wer die schlimmsten Gewalttaten verübt hat oder am meisten Frauenbekanntschaften hatte, stellen wir Stühle in eine Reihe und überlassen es ihnen zu bestimmen, welche Reihenfolge sie wählen. Auf dem ersten Stuhl sollte derjenige Junge sitzen, der am meisten Mädchen kannte oder die schlimmste Tat verübt hatte.

Man kann einwenden, dass solche Übungen problematisch sind, weil Persönlichkeitsunterschiede zu Tage treten und Machtstrukturen verfestigt werden. Unsere Erfahrung ist jedoch, dass in Jungengruppen nach der Klärung der Hierarchien Ruhe einkehrt und die Jungen sich gegenseitig akzeptieren und respektieren. Versteckte Rollen, Ansprüche oder Dynamiken werden fass- und diskutierbar. Persönlichkeits- und Rollenattribute werden enttabuisiert. Auffallend ist weiter, dass die Jungen dann auch *soziale Kompetenzen* entwickeln. Sie stehen sich gegenseitig bei und unterstützen sich. Sie kennen das System und wissen, wie sie sich darin zu verhalten haben.[134] »Soll ich dir verraten, wie man eine Frau anspricht?«, sagte der Junge, der am meisten Frauenbekanntschaften hatte, einen Jungen, der weit hinter ihm einen Stuhl eingenommen hatte. Die Abklärung der Positionen gehört in die Anfangsphase eines Gruppenzyklus. Sobald die Hierarchien geklärt sind und die Gruppe sich gefestigt hat, werden andere Einstimmungsübungen eingesetzt. Die Hierarchieklärungen werden durch kurze Denkspiele, Quiz, Gespräche über aktuelle Themen oder politische Fragen abgelöst.

Befindlichkeitsrunden über Taten

In der ersten Phase der Gruppensitzungen geht es um die *Taten* der Jungen. Sie berichten uns und den anderen, wieso sie die Gruppe besuchen müssen und in welcher Gewaltszene sie involviert waren. Sie müssen ihre Taten ungeschminkt offenlegen und ihren Anteil reflektieren. Meistens sitzen die Jungen in der Mitte des Raums und werden von den anderen Gruppenmitgliedern in die Zange genommen. Beginnt ein Junge zu beschönigen oder Details wegzulassen, greifen wir Gruppenleiter ein. Wir kennen die Einweisungsgründe, die Vorfälle und merken meistens, wenn ein Junge zu schummeln beginnt. »Was behauptest du? Du hättest nur gedroht? Was ist dann mit dem Messer, das du in der Hand hattest?«, wird eine Gruppenleiterin eventuell einwenden und klar machen, dass seine Geschichtsklitterei nicht akzeptiert wird. Entweder arbeitet er direkt und ehrlich mit oder er hat in dieser Gruppe nichts zu suchen. Erscheint einem an der Darstellung eines Vorfalls etwas faul, wird sofort reagiert. »Deine Augen teilen mir etwas anders mit! Ich glaube dir kein Wort«, werden wir unter Umständen einwenden.

Durch die Konfrontation mit der Tat wird den Jungen signalisiert, dass wir das Verhalten, das zum Delikt führte, nicht billigen. Gleichzeitig kommunizieren wir jedoch, dass wir sie als Person akzeptieren, wenn sie mit uns zusammenarbeiten. Wir bieten uns als *Beziehungspartner* an und sind bereit, uns vertieft mit ihnen auseinanderzusetzen, wenn sie versuchen, den Dämon Gewalt in sich zu bewältigen. Durch die Befindlichkeitsrunden treten wir mit den Jugendlichen in Kontakt, beginnen sie zu verstehen und erfahren mehr und mehr über ihr Leben, ihre Sorgen und Wünsche. Wir respektieren sie als Person, verurteilen jedoch ihre Taten. Wie bereits erwähnt, sind für viele Jungen die Taten eine Art Leistungsausweis. Sie haben sich schuldig gemacht und damit endgültig von der

Kindheit losgesagt. Die Taten haben die Qualität einer Kainshandlung. Die Jungen katapultieren sich durch die Tabu- oder Gesetzesverletzung in die Welt der Erwachsenen.

Die Befindlichkeitsrunde oder Gespräche über die Taten werden jede Woche durchgeführt. Die Jungen berichten ihre Erlebnisse während der Woche, reden von ihren Erfolgen, Misserfolgen und Begegnungen. Sie sprechen über ihre Eltern, Geschwister oder Freundinnen. Kernthema bleibt jedoch das Thema der Gewalt. Da die Jungen gegenseitig ihre Taten kennen, können sie auch abschätzen, ob jemand Fortschritte gemacht hat und bei der Arbeit mit sich selber weiterkommt. »Der Kerl, mit dem ich vor einigen Monaten eine Auseinandersetzung hatte, ist mir auf der Straße entgegengekommen. Ich wurde wütend, doch ging ich ganz cool an ihm vorbei, habe mich weder durch seinen Blick noch seinen Spruch provozieren lassen«, teilt uns ein Junge stolz mit.

Natürlich genügen uns die Aussagen der Jungen nicht, wenn es um die Beurteilung geht, ob jemand während der Woche gewalttätig war. Wir bleiben als Gruppenleiter im permanenten Kontakt mit den Sozialarbeitern des Jugendgerichts, etwaigen Lehrern und oft auch den Eltern. Gab es während der Woche einen Vorfall, werden wir unmittelbar informiert. Die Jungen wissen, dass wir mit großer Wahrscheinlichkeit erfahren, wenn es wieder zu einem Gewaltvorfall gekommen ist. Verschweigt uns ein Jugendlicher einen Vorfall und wir erfahren später davon, lassen wir ihn unseren Ärger über den Vertrauensmissbrauch direkt spüren. »Warum soll ich mit dir noch reden, wenn du uns nur noch Quatsch erzählst? Für mich gehörst du auf die Straße und nicht in diese Gruppe, wenn du so weitermachst!« Der Junge merkt, dass seine Unehrlichkeit und sein Verhalten in der Gruppe Konsequenzen haben werden.

Die Gruppenleiter beteiligen sich ebenfalls an den wöchentlichen Runden. Auch sie müssen über Erlebnisse während der Woche berichten. Natürlich haben sie keine Gewalttaten vorzuweisen, doch wir reden offen über Herausforderungen im Beruf und im Privatleben. Wir als Therapeuten müssen nicht alles offenlegen, sondern es geht primär darum, dass wir ein Vorbild abgeben. Therapeutische Abstinenz oder professionelle Zurückhaltung kommt bei diesen Jugendlichen nicht an. Man muss sich als Mensch zeigen, eigene Gefühle, Ängste und innere Zwiespälte zugeben, wenn man will, dass sie einen ernst nehmen und als Bezugsperson akzeptieren.

Input

In jeder Gruppensitzung gibt es einen Input zum Thema Gewalt, Konflikt, Streit oder Aggression. Er kann aus einem Film über Männer bestehen, die sich über Aggression und Gewalt profilierten. Nach Eingangsfragen sehen wir uns Filmausschnitte über den schottischen Nationalhelden Braveheart, den Rapper Eminem, Napoleon Bonaparte, den Boxer Muhammed Ali oder die Gangsterlegende Al Capone an. In der Gruppe wird dann mit Hilfe von speziellen Fragen über Parallelen zu aktuellen Situationen und zum eigenen Leben gesprochen. Welche Eigenschaften zeichneten diese Männer aus? War ihre Gewalt berechtigt? Mit wem konnten sie sich identifizieren und welche Handlungen lehnten sie ab? Historische und aktuelle Gewalttäter dienen als Referenzfiguren, um über die eigene Aggressionsgeschichte nachzudenken und Zusammenhänge mit aktuellen Herausforderungen herzustellen. In einem anderen Input geht es um die Position in der eigenen Familie. Die Jungen werden aufgefordert, eine Familienstellung[135] durchzuführen, gemeinsam über ihre Prägungen und Stellung in der Familie nachzudenken und Schlussfolgerungen zu ziehen. Es wird die Wut, die ein Junge auf den abwesenden Vater hat, besprochen oder die Rolle eines Bruders, der im Krieg umkam und wie ein Geist über der Familie schwebt. Oft führen wir mythodramatische Inputs durch. Die Jungen hören sich eine Geschichte an, in der das Thema Gewalt direkt oder symbolisch abgehandelt wird. Sie vernehmen die Abenteuer einer Reisegruppe, die eine Expedition nach Madagaskar wagt, hören von den Untaten einer Bande in Harlem. Die Geschichten dienen als Ausgangspunkt für Imaginationen und Dramatisierungen.[136] Mythodramatische Inputs helfen, tabuisierte oder heikle Themen aufs Tapet zu bringen und spielerisch nach Lösungen zu suchen. Das Mythodrama ist eine Methode der Gruppenpsychotherapie, die vom Autor entwickelt wurde.[137] In einem anderen Input stehen vielleicht die Beweggründe von Selbstmordattentätern im Vordergrund. Der Input beginnt dann mit dem Studium eines Textes, in dem ein Selbstmordattentäter seine Tat zu rechtfertigen versucht. Kann man seine Motive nachvollziehen? Wieder andere Inputs befassen sich mit Provokationen, dem Ablauf einer Schlägerei, Zivilcourage oder Sexualität und Gewalt. Die meisten Inputs werden von uns Gruppenleitern festgelegt, gelegentlich bringen die Jungen eigene Themen ein. Sie wollen die politische Situation im Kosovo diskutieren, über Rassismus reden oder unsere eigene Gewaltgeschichte hören.

Wichtig bei den Inputs ist, dass wir auf den moralischen Zeigefinger verzichten oder das Thema banalisieren, indem wir es auf eine Trainingseinheit reduzieren. Rollenspiele, in denen die Jungen lernen sollen, ihre Aggressionen zu zügeln oder Zivilcourage zu zeigen, machen nur dann einen Sinn, wenn sie von *tatsächlichen* Erlebnissen ausgehen. Werden sie jedoch als didaktische Tricks mit dem Ziel einer Bewusstseinsänderung oder eines Wissenstransfers eingesetzt, ist der Nutzen fraglich. Rollenspiele, durch die sich die Jungs Kompetenzen aneignen oder lernen sollen, wie man sich »richtig« verhält, bleiben an der Oberfläche. Bei den meisten Jungen sind solche Übungen nach einem vorgegebenen Skript verhasst. Sie reagieren irritiert, da sie wieder in einen infantilen Zustand zurückbeordert werden. »Ihr müsst Abbitte leisten und lernen wie man sich richtig verhält!«, hören sie als Botschaft heraus. Die Tat wird nicht als Versuch gesehen, sich in die Erwachsenenwelt einzuschreiben und schuldig zu werden. Der Eintritt in die Erwachsenenwelt wird verwehrt, wenn man den Jungen noch mehr Kompetenzen antrainieren will. »Ihr seid für den Eintritt ins Erwachsenenleben noch nicht bereit!«, hören sie heraus, passen sich an oder schieben das Ausleben der eigenen Aggression auf. Eigentlich handelt es sich um Nacherziehungsprogramme, ohne dass die Jungen als suchende, verzweifelte oder traumatisierte Menschen wahrgenommen werden. Wichtig bei den Inputs ist darum, dass man sich gemeinsam dem Thema Gewalt und Aggression stellt und die Jungen auffordert, ihren Anteil an der Lösung dieses Problems zu leisten.

Nach Abschluss des offiziellen Gruppenprogramms sitzen wir mit den Jungen zusammen, nehmen einen Imbiss ein und unterhalten uns über belanglose Themen oder witzeln. Bei diesem letzten Teil der Gruppensitzung begegnet man sich von Mensch zu Mensch. Viele Jungen nehmen uns dann hoch oder berichten über Themen, die vorher keinen Platz hatten.

Abschlusshandlung

Die Jungen bleiben zwischen sechs Monaten und zwei Jahren in einer Gruppe. Der Gruppenabschluss hängt von ihrem Verhalten in der Freizeit, in der Schule oder Familie ab. Der Austritt ist möglich, wenn die Rückmeldungen positiv sind und es zu keinen weiteren Vorfällen gekommen ist. Unser persönlicher Eindruck allein entscheidet nicht über Abschluss oder Fortsetzung der Sitzungen. Jungen, die sich während der Sitzungen scheinbar uneinsichtig verhalten, können sich außerhalb der Gruppe gebessert haben, und von anderen, die in der Gruppe Asche auf ihr Haupt streuen, hören wir dann vielleicht, dass sie in der Schule einen Lehrer angerempelt haben oder sonstwie aggressiv waren. Weil der Eindruck in der Gruppe oft nicht mit dem Verhalten im realen Leben übereinstimmt, braucht es eine Realitätskontrolle. Der Fokus liegt auf dem Verhalten in der Szene, bei ihren Peers oder in der Schule. Oft ist es so, dass sich mit der Absage an die Gewalt auch neue Perspektiven ergeben. Plötzlich klappt es mit der Lehrstelle, die Noten in der Schule bessern sich oder der Junge entwickelt ein Freizeitinteresse. Ist die Energie von der Szene abgezogen und die Faszination für Gewalt weg, haben die Jungen Platz und Energie für andere Tätigkeiten und Themen. Wir haben jedoch den Eindruck, dass viele Jungen zuerst den Umweg über das Unterweltthema Gewalt machen, sich dreckig machen müssen, bevor sie sich zivilisieren.

Bei der Abschlusshandlung ist wichtig, dass wir die Jungen *aufwerten*. Sie sind am Schluss keineswegs brave Bubis, die sich von nun an den Vorgaben der Alten fügen, sondern haben mit uns zusammen eine Reise in die Abgründe des menschlichen Lebens gewagt. Zusammen mit anderen haben sie sich Themen gestellt, die andere meistens umgehen oder durch lebensfremde Sprüche abwehren. Dieser Einsatz will belohnt werden. In der Regel laden wir zu einem Abschlussakt ein: wir geben ihnen ein letztes Feedback, laden sie zu einem Kebab ein oder übergeben ihnen ein Geschenk. Sind sie über achtzehn Jahre alt, dann denken wir uns spezielle Abschlusshandlungen aus.

»Die Kunst beim Trinken eines Highland Park ist die langsame Annäherung an das Getränk! Den Whiskey leert man in ein möglichst breites Glas, führt es anschließend an die Nase und riecht den Duft. Nun kannst du dir die raue Moorlandschaft vorstellen, aus der dieses Lebenswasser stammt, und den heftigen Wind ahnen, der einem durch die Haare bläst, wenn man auf einem Hügel über Kirkwall steht.« Ich sitze mit dem Jungen auf einer Bank auf dem Gurten, dem Hausberg der Stadt Bern. Unter uns fließt die Aare, wir sehen die Dächer der Altstadt, den Turm des Münsters und das Bundeshaus. Als Abschlussakt führe ich diesen Jungen in das richtige Trinken von Whiskey ein, das Nationalgetränk meiner zweiten Heimat. Nachdem wir feierlich die Gläser geleert haben, blicken wir uns an und ich merke, dass der Junge sich gut fühlt und stolz auf sich ist. »In Serbien haben wir ähnliche Trinksitten«, meint er schließlich keck und schlägt vor, dass wir die Gläser an einem Baum zerschmettern. Ich denke mir, besser wenn er hie und da ein Glas zerschlägt als jemandem den Kiefer.

Die Abschlusshandlung muss der Persönlichkeit des Jungen entsprechen. Natürlich schenken wir am Schluss der Sitzungen nicht einfach Alkohol aus. Es ist jedoch wichtig, dass der letzte Akt eine Statusänderung signalisiert. Die Jungen müssen von nun an selber die Verantwortung für sich übernehmen. Sie müssen Gewalt und Alkohol beherrschen und können die Verantwortung nicht an andere Personen delegieren. Sie waren einer Verführung des Lebens ausgesetzt, der Faszination und Dämonie der Gewalt, und haben erfahren, dass sie ihr nicht verfallen dürfen. Die Jungen sollen die Gruppentherapie erhobenen Hauptes verlassen und nicht gedemütigt. Sie haben etwas geleistet!

Erfolgsquote

Unsere Therapie ist erfolgreich, wenn ein Junge in seiner Szene, Schule oder Familie nicht mehr durch Gewalt auffällt. In der Regel gelingt uns dies bei sieben bis acht von zehn Jungen. Bei der Mehrzahl der Täter, die zu uns geschickt werden, ist Gewalt Symptom einer tieferen Problematik. Wir müssen uns darum auch mit ihrer Geschichte, ihren Prägungen, ihren Traumata und versteckten Aufträgen befassen, wenn wir wollen, dass sie friedlicher werden. Die Jungen kommen zur Besinnung und ändern ihre Einstellung, wenn man sich intensiv und persönlich mit ihnen auseinandersetzt, sie in ihrer Persönlichkeit respektiert und gleichzeitig hartnäckig am Ziel der Gewaltlosigkeit festhält. Durch die Therapie werden sie zu geläuterten Tätern. Sie wissen, dass sie zuschlagen und aggressiv sein können, doch dieses Verhalten jetzt keine Option mehr ist. *Verbindlichkeit* und *Engagement* unsererseits ist dabei unbedingte Voraussetzung für einen etwaigen Erfolg. Viele der Jugendlichen hatten schon unzählige Gespräche mit Behörden, sozial Tätigen und Lehrern hinter sich. Man hat sie ermahnt, gestraft, diszipliniert; sie haben Verträge unterschrieben, mussten Kurse und Time-Outs absolvieren. Was ihnen fehlte, waren verbindliche, fordernde und gleichzeitig liebevolle Beziehungen.[138] Die Jungen müssen merken, dass es sich lohnt zu leben, dass auch sie einen Platz in dieser Gesellschaft haben und ihre Aggressionen kreativ einsetzen können.

Anmerkungen

1 Simmons, Rachel (2002) *Odd Girl Out: The Hidden Culture of Aggression in Girls*. San Diego: Harcourt Publishing.
2 8. September 2010. Vorschlag des Bundesrats zur Revision des Strafgesetzes. Die Höchststrafe für fahrlässige Tötung und fahrlässige schwere Körperverletzung soll von drei auf fünf Jahre erhöht werden.
3 Siehe: Killias, M., Haymoz, S., Markwalder, N., Lucia, S. Biberstein, L. *Prävention ohne Trendanalyse? Mythen und Trends zur Jugendkriminalität in der Schweiz*. In: Schwarzenegger, C. Müller J. (Hrsg.). Zweites Zürcher Präventionsforum: Jugendkriminalität und Prävention. Zürich: Schulthess 2009.
4 Titus, Simon (1996) *Raufhändel und Randale. Sozialgeschichte aggressiver Jugendkulturen und pädagogischer Bemühungen vom 19. Jahrhundert bis zur Gegenwart*. Weinheim: Juventa, p. 86.
5 Korem, Dan (2005) *Rage of the Random Actor*. Richardson, Texas: International Focus Press.
6 Laver, James (1966) *Manners, Morals in the Age of Optimisms 1848–1914*. New York: Harper & Row.
7 Titus, Simon. *Raufhändel und Randale. Sozialgeschichte aggressiver Jugendkulturen und pädagogischer Bemühungen vom 19. Jahrhundert bis zur Gegenwart*. Juventa, 1996, p. 86.
8 Malcolm, Joyce Lee (2002) *Guns and Violence*. Cambridge: Harvard University Press p. 169ff.
9 Angeschossen wurde er 1968. Er starb 12 Jahre später an den Folgen dieser Attacke. Nach damaliger Auffassung stand ein Agent des Axel Springer Konzerns hinter der Tat, später stellte sich heraus, dass der Mörder Verbindungen zur Stasi hatte.
10 Zur Bedeutung der Grandiosität siehe: Guggenbühl, Allan (1998) *Männer, Mythen, Mächte*. Zürich: Edition IKM.
11 Sofsky, Wolfgang 2002) *Zeiten des Schreckens*. Frankfurt: Fischer
12 Im April 1975 wurde das Baugelände für das Atomkraftwerk Kaiseraugst besetzt.
13 Hillman, James (2004) *A terrible Love of War* New York: Penguin Press.

14 Erfasst sind einfache und schwere Körperverletzungen (Art. 122 und Art. 123 StGB), nicht aber bloße Tätlichkeiten (Art. 126 StGB).

15 Statistik der Jugendstrafurteile 2005, Tabelle 16. Stand der Datenbank: 31. August 2006.

16 Killias, Martin et P. Lamon. 2000. »La crimina – lité augmente avec des nuances.« Crimiscope.

17 Tages Anzeiger 13. Juli 2010.

18 Von 2007 bis 2009 stieg die Gesamtzahl der Jugendstrafurteile von 14.202 auf 15.064.

19 Zahlen des Bundesamts für Statistik, Bern.

20 2009 Bundeskriminalamt Wiesenbaden.

21 Siehe Sieferle, Rolf Peter & Breuniger, Helga. (1998) *Kulturen der Gewalt*. Frankfurt a.m.: Campus Verlag.

22 LeBlanc, Steven (2003) *Constant Battles. The Myth of the Peaceful, Noble Savage*. New York: St. Martin's Press.

23 Ebenda: p. 7, 86ff.

24 Keeley, Lawrence H. (1996) *War before Civilization. The Myth of the Noble Savage*. New York: Oxford University Press. p. 144 und 147.

25 Siehe Keeley, ebenda und Diaman, Jared (2005) *Collaps. How Societies Choose to Fail or Succeed*. London: Penguin.

26 Das Transportgesetz in der Schweiz bestimmt, dass niemandem aufgrund seiner Persönlichkeit, seines Verhaltens oder seines Hintergrunds eine Zugfahrt verweigert werden kann.

27 Beim Potlash überbietet man sich gegenseitig mit Geschenken und Großzügigkeiten, um den anderen zu beschämen.

28 Josef Stalin war bekannt für seine Jovialität, seine Freude an gemeinsamem Gesang und machte auf viele den Eindruck eines Gemütsmenschen. Siehe: Montefiore, Simon Sebag (2006) *Stalin: The Court of the Red Tsar*. London: Phoenix.

29 Eine hervorragende Studie zum Verhalten von Psychopathen liefert Hare, Robert D. (1993) *Without Conscience*. New York: Guilford Press. Siehe auch das Buch meines Vaters: Guggenbühl-Craig, Adolf (1982). *Seelenwüsten. Betrachtungen über Eros und Psychopathie*. Zürich: Edition IKM.

30 Siehe Guggenbühl, Allan (2008) Anleitung zum Mobbing. Oberfhofen: Zytglogge.

31 Wright, Robert (1994) *The Moral Animal*. New York: Random.

32 Tolan, Volkan und Gorman-Smith, Deborah (1998*): Development of Serious and Violent Offending Careers,* In: Rolf Loeber und David P. Farrington (Hrsg.) *Serious and Violent Offenders. Risk Factors and Successful Intervention*. Thousand Oaks: Sage.

33 Korem, Dan (2005). *Rage of the Random Factor.*

34 Eigenartig ist, dass zum Teil in offiziellen Nationalfondsstudien diese oberflächliche Definition von rechtsextremen Jugendlichen übernommen wird. In der Nationalfondsstudie zum Profil rechtsextremer Jugendlicher wurden Jugendliche befragt, die diese Attribute hatten. Sie wurden aufgrund dieser äußerlichen Kennzeichen einer potentiell gewalttätigen rechtsextremen Szene zugeordnet.

35 Kernberg, Otto (1984) *Severe Personality Disorders. Psychopathic Strategies.* New Haven: Yale University Press.

36 Bei den selbsternannten Gewaltexperten handelt es sich häufig um Personen, die sich als Spezialisten für das Thema ausgeben, ohne jedoch in der Praxis mit gewalttätigen Menschen oder der Lösung von Konflikten zu tun zu haben. Sie fühlen sich aufgrund eines akademischen Interesses, einer Ideologie oder Kraft einer Position berufen, Präventionskurse abzuhalten.

37 Junge Männer, die zu lebenslänglicher Haft verurteilt wurden. Im Gegensatz zur Schweiz und Deutschland bedeutet lebenslänglich wirklich, dass man bis zu seinem Tode im Gefängnis sitzt.

38 Siehe CD Allan Guggenbühl (2010) *Songs to Kill Time* Oberhofen: Zytglogge. Die CD enthält Lieder zu Gedichten dieser Strafgefangenen.

39 Smith, David Livingston (2004) *Why we lie. The Evolutionary Roots of Deception and the Unconscious Mind.* New York: St. Martin's Press.

40 Bekannt wurde der Oxford Pledge von 1933. Die Studenten von Oxford schworen damals öffentlich, niemals eine Waffe in die Hände zu nehmen um zu kämpfen. Ein paar Jahre später meldeten sich die meisten freiwillig bei Armee, Navy oder Air Force. Siehe Ceadel, Martin (1980). *Pacifism in Britain 1914–1945: The Defining of a Faith.* Oxford: Clarendon Press.

41 Wolmar, Christian (2010) *Blood, Iron and Gold. How the Railroads transformed the World.* New York: Public Affairs.

42 Beim Nikab ist nicht nur der Kopf bedeckt, sondern das Gesicht ganz verschleiert.

43 Uberoi, Patricia, ed. (1993) *Family, Kinship, and Marriage in India.* New York: Oxford: University Press.

44 Glaser, Stefan & Pfeiffer, Thomas (2007) *Erlebniswelt Rechtsextremismus: Menschenverachtung mit Unterhaltungswert.* Schwalbach: Wochenschau Verlag.

45 So bei den Peace-Maker Programmen oder Faustlos: Cierpka, Manfred (2005) *Faustlos: wie Kinder Konflikte gewaltlos lösen.* Freiburg: Verlag Herder.

46 Guggenbühl, Allan; Hersberger, Katrin; Rom, Tanja & Boestrom, Petra (2007) *Schools in Crisis.* Zürich: Edition IKM.

47 siehe Guggenbühl, Allan. (2008) *Anleitung zum Mobbing*. Oberhofen: Zytglogge Verlag.

48 Nach dem Atombombenabwurf auf Hiroshima malten sich einige Generäle das Gesicht zur Hälfte an und erschienen so zur Generalstabssitzung. Sie wollten zum Ausdruck bringen, dass ja nur die Hälfte des Körpers durch einen Atombombenabwurf betroffen wird. Frank, Richard B. (1999) *Downfall The End Of The Imperial Japanese Empire*. London: Penguin p. 252 ff.

49 Eisenstadt. Semû'el Noah (1966) *Von Generation zu Generation. Altersgruppen und Sozialstruktur*. München. Juventa Verlag.

50 Ein Stück der damals populären Band »The Animals«.

51 Siehe: Guggenbühl, Allan (2002) *Männer, Mythen, Mächte*. Zürich: Edition IKM.

52 Harris, Judith Rich (1998) *The Nurture Assumption*. New York: Free Press.

53 Eliade, Mircea (1958) *Rites and Symbols of Initiation*. New York: Harper.

54 Von Gennep, Arnold (1981) *Übergangsriten*. Frankfurt: Campus. p. 85 und p. 90ff.

55 Rothenbuhler, Eric (1998) *Ritual Communication*. London: Saga Publications.

56 Fletcher, Alice & La Flesche, Francis (1972) *The Omaha Tribe*. Vol 1 & 2 Lincoln: University of Nebraska Press.

57 Guggenbühl, Allan (2004) »*Hotel Mama« wird wieder länger gebucht. Wieso Jugendliche heute später von zu Haus ausziehen wollen*. In: NZZ, Beilage Bildung und Erziehung, Dienstag, 28. September, p. 65.

58 In der Schweiz wurden in der Grundstufe die zwei Kindergartenjahre mit der ersten Klasse zusammengefasst. Es geht darum, den Übergang zur Primarschule fließend zu gestalten, die Übertrittsängste zu vermindern.

59 Rodger, N.A.M. (1986) *Wooden World. An Anatomy of the Georgian Navy*. London: Norton.

60 747–814.

61 franz.: *Louis VII le Jeune* (1120–1180).

62 Schwimmen lernt man im Wasser.

63 Die Rede ist hier von Bill Gates, der sein Hochschulstudium abbrach, um sich in einer Garage der Entwicklung von Computern zu widmen.

64 Kersten, Joachim (1997) *Gut und Geschlecht. Männlichkeit, Kultur und Kriminalität*. New York: Walter de Gruyter.

65 Dunbar, Robin (1996) *Grooming, Gossip, and the Evolution of Language*. Cambridge: Harvard University Press.

66 Guggenbühl, Allan (9. Aufl. 2009) Pubertät echt ätzend. Freiburg: Verlag Herder.

67 Guggenbühl, Allan (2008). *Anleitung zum Mobbing*. Oberhofen: Zytglogge.

68 Siehe: Guggenbühl, Allan (1998). *Männer, Mythen, Mächte*. Zürich: Edition IKM.

69 Institut für Konfliktmanagement und Mythodrama in Zürich: www.ikm.ch.

70 Siehe dazu: Guggenbühl, Allan. *Wer aus der Reihe tanzt lebt intensiver*. München: Kösel oder www.ikm.ch.

71 Traurige Berühmtheit erreichte der Fall der Birmingham Six in England. Nach zwei fürchterlichen Bombenanschlägen auf zwei Pubs in Birmingham im November 1974, bei denen 21 Personen umkamen, wurden die Nordiren Callaghan, Hill, Hunter, McIlkenny, Power and Walker verhaftet und schließlich zu langjährigen Strafen verurteilt. Erst Jahre später, 1991, wurde ihre Unschuld festgestellt. Die Empörung über das Attentat und die Forderung, die Schuldigen zu finden, hatten zu Misshandlungen und nicht zuletzt zu den krassen Fehlurteilen geführt.

72 »Mir sind die Haare zu Berg gestanden!«, sagte der Chef des Kommissariats der Stadtpolizei Zürich bei Ermittlungen im November 2006 gegenüber den Medienvertretern. Die Missbräuche, wie sie ein 13-jähriges Mädchen geschildert hat und in groben Zügen auch die festgenommenen mutmaßlichen Täter bestätigt haben, bezeichnete er als »massiv«. 13 Jugendliche zwischen 15 und 18 Jahren hätten bei mindestens drei Treffen in Zürich Oerlikon das Mädchen mehrfach vergewaltigt. Die Übergriffe haben laut Polizei in den vergangenen Wochen zum Teil mehrmals am Tag jeweils an verschiedenen Orten stattgefunden, wobei es zu mindestens einer Vergewaltigung auch im Freien kam. Später stellte sich heraus, dass die Vorfälle größtenteils inszeniert waren. Außer einem stellten sich die Beschuldigungen als haltlos heraus und die Verfahren mussten eingestellt werden. Das Mädchen war zudem im ganzen Schulhaus und der Schulsozialarbeiterin – den Personen des ersten und zweiten Kreises – wegen ihrer Sexualisierung bekannt. Die Polizei und andere Experten waren unglaublich naiv vorgegangen und waren sich der Dynamiken manifester Gewaltvorfälle nicht bewusst.

73 Olweus, Dan (1996). *Gewalt in der Schule*. Bern: Huber.

74 Genauer gehe ich auf dieses Thema in meinem Buch *Anleitung zum Mobbing* ein (2008). Oberhofen: Zytglogge-Verlag.

75 Guggenbühl, A., Hersberger, K., Rom, T. & Bostroem P. (2004) *Helping Schools in Crisis*. Zürich: Edition IKM.

76 Es gibt viele Institutionen, die auf solche Interventionen speziali-

siert sind. Gute Erfahrungen haben wir bei dieser Problematik in dem Institut für Konfliktmanagement und Mythodrama gesammelt, das jährlich mehrere Interventionen in Schulklassen mit dieser Problematik durchführt, siehe: www.ikm.ch.

77 siehe: Guggenbühl, Allan (2000) *Dunkle Verirrungen. Missbrauch des sexuellen Missbrauchs – ein Tabuthema.* In: NZZ, Dienstag den 19. September 2000, N. 218, p. 81.

78 Eindrücklich sieht man dies auch in Gedichten von Strafgefangenen. Siehe: Guggenbühl, Allan (2010). *Songs to kill time.* (CD) Musik zu Gedichten von Strafgefangenen. Oberhofen: Zytglogge.

79 Campbell, Joseph (1968) *The Hero with a thousand faces.* Princeton: Bollingen Series.

80 Petermann, F., Wiedebuch, S. (2003) *Emotionale Kompetenz bei Kindern.* Göttingen: Hogrefe.

81 Cierpka, M. (2005). Besser vorsorgen als nachsorgen. Möglichkeiten der psychosozialen Prävention. In: Cierpka, M. (Hrsg.). *Möglichkeiten der Gewaltprävention.* Göttingen: Vandenhoeck und Ruprecht, p. 59–85.

82 Conduct Problems Prevention Research Group (1999) A developmental and clinical model for the prevention of conduct disorder: The FAST track program. In: *Development and Psychopathology* 4, 509–527.

83 Asshauer, M., Burrow, F., Hanewinkel, R.R: (1999) *Fit und Stark fürs Leben. Persönlichkeitsförderung zur Prävention von Aggression, Stress und Sucht.* Leipzig: Klett.

84 Ausnahmen sind Programme von Olweus oder in unserem eigenen Programm.

85 Siehe Störungen des Sozialverhaltens gemäß ICD.10 (F91) oder Kriterien für die Störung mit oppositionellem Trotzverhalten nach DSM-IV.

86 Moffit. Terrie E. 2001. Life-Course-Persistence and Adolescence-Limited Antisocial Behaviour. A 10-Year Research Review and Research Agenda. In: Lahey, Benjamin; Moffitt, Terrie; E. Caspi, Avshalom. *Causes and Conduct Disorder and Juvenile Delinquency* New York: Guilford Publications, p. 49–75.

87 Donker, A.G., Smeenk, W. H., van der Laan, P.H., Verhulst, F.C. (2003). Individual stability of antisocial behaviour from childhood to adulthood. Testing the stability postulate of Miffitt's developmental theory. *Criminology.* 41, p. 593–609.

88 Schick, A. (2006) Evaluationsstudien zum Gewaltpräventions-Curriculum Faustlos. In: *Praxis der Rechtspsychologie*, 16 (172), p. 169–181.

89 Durlek, J. A., Wells, A. M. (1997) Primary prevention mental health

programs for children and adolescents: a meta-analytical review. In: *American Journal of Community Psychology,* 25 (2), p. 115–152.

90 Guggenbühl, Allan (2008). *Anleitung zum Mobbing* Oberhofen: Zytglogge.

91 Guggenbühl, Allan (1999). *Männer, Mythen, Mächte.* Zürich: Edition IKM.

92 Bei einem Mythologem handelt es sich um ein Narrativ, das als Strukturelement des Denkens und der Gefühle eines Menschen oder einer Menschengruppe wirkt. Es handelt sich um eine axiomatische Erklärung, auf die man sich bei der Bewältigung von neuen Herausforderungen oder Problemen beruft.

93 Guggenbühl, Allan (2005) *Jugend ohne Vorbild – Unterwegs zur neuen Verunsicherung.* In: Der Sport. Das Magazin des Württembergischen Landessportbundes. 6. Juni, Nr. 11, p. 40–41.

94 Barnow, Sven; Lucht, Michael; Freyberger, Harald (2001) *Influence of Punishment, Emotional Rejection, Child Abuse and Broken Home on Aggression in Adolescence: An Examination of Aggressive Adolescents in Germany,* In Psychopathology 32, p. 167–173.

95 Raithel, Jürgen & Mansel, Jürgen (Hrsg.) (2003) *Kriminalität und Gewalt im Jugendalter.* München: Juventa.

96 Hodges, Ernest V.E: Car, Noel A. Isaacs, Jenny (2002): *Das Erlernen von Aggression in Familie und Peergroup* In: Heitmeyer Wilhelm und Hagan John (Hrsg.) Internationales Handbuch der Gewaltforschung. Wiesbaden: Westdeutscher Verlag. P. 619–638.

97 Wetzel, P. (1997) *Gewalterfahrungen in der Kindheit, Sexueller Missbrauch, körperlicher Missbrauch und deren langfristige Konsequenzen.* Baden-Baden: Nomos.

98 Heitmeyer, Wilhelm; Collman Birgit; Conrads Jutta; Matuschek, Ingo; Kraul Dietmar; Kühle, Wolfgang; Möller Renate; Ulbrich-Hermann Matthias: *Gewalt. Schattenseiten der Individualisierung bei Jugendlichen aus unterschiedlichen Milieus.* Weinheim und München: Juventa Verlag.

99 Siehe: Lackinger, Fritz; Dammann, Gerhard & Wittmann, Bernhard (2008) *Psychodynamische Psychotherapie bei Delinquenz. Praxis der Übertragungsfokussierten Psychotherapie.* Stuttgart: Schattauer.

100 Schacter, Daniel (2001) *Wir sind Erinnerung. Gedächtnis und Persönlichkeit.* Hamburg: Rowohlt.

101 Mansel, J. (2001) *Angst vor Gewalt. Eine Untersuchung zu jugendlichen Opfern und Tätern.* Weinheim: Juventa.

102 Eine Erfahrung, die wir im Institut für Konfliktmanagement (IKM) immer wieder bei den Kriseninterventionen in problematischen Schulklassen machen. Viele Schulklassen werden aggressiv, unkonzentriert oder sind unmotiviert, weil der Lehrer unbewusst eine Pro-

197

blematik an ihnen abhandelt. Siehe: Guggenbühl, Allan u.a. (2006) *Schools in Crisis*. Zürich: Edition IKM. Siehe: www.ikm.ch.

103 Kassis, Wassilis (2003) *Wie kommt die Gewalt in die Jungen?* Bern: Haupt.

104 Robert Musil: Die Verwirrungen des Zöglings Törless. Berlin: Volk und Welt.

105 Huizinga; David und Jakob-Chien Cynthia (Hrsg.) 1998. *The Contemporaneous Co-Occurence of Serious and Violent Juvenile Offending and other Problems*. Thousand Oaks. Sage.

106 Wie im Film »If«.

107 Patterson, Gerald R., Dishion Thomas, J. 1985: *Contributions of Families and Peers to Delinquency, Criminology* 23, p. 63–69.

108 Siehe dazu: Guggenbühl, Allan (1995). *Die unheimliche Faszination der Gewalt*. Zürich: Edition IKM.

109 Fooken, Insa & Zinnecker Jürgen (2008) *Trauma und Resilienz: Chancen und Risiken von lebensgeschichtlichen Bewältigungen von belasteten Kindheiten*. München: Juventa.

110 Lennon, Cynthia (2006) *John*. New York: Three Rivers Press

111 Kalsched, Donald (1996) *The Inner World of Trauma*. New York: Routledge.

112 Adler, Alfred (1974) *Menschenkenntnis* Frankfurt: Fischer.

113 Ein Laden, in dem unter anderem auch Alkohol verkauft wird.

114 Siehe: Hartmann, Kenneth (2009) *Mother California: A Story of Redemption Behind Bars*. New York: Atlas.

115 Kühnel, Wolfgang; Matuschek, Ingo; Fechner Marion; Feist, Mario; Rätz, Regina (1995) *Gruppenprozesse und Devianz. Risiken jugendlicher Lebensbewältigung in großstädtischen Monostrukturen*, Weinheim und München: Juventa Verlag.

116 Ein Beispiel sind die Maras in El Salvador, Guatemala und Honduras. Sie wurden von Jugendlichen gegründet, die aus den Vereinigten Staaten zurückkehrten und Bandenterror ausüben. Die Maras zeichnen sich durch extreme Aggressivität und Tätowierungen am ganzen Körper aus. Siehe: Huhn, Sebastian; Oettler, Anik; Peetz, Peter. *Anders, bedroht und bedrohlich – Jugendbanden in Zentralamerika*, in: Klimke, Daniela (Hrsg.) (2008): Exklusion in der Marktgesellschaft, Wiesbaden 2008, S. 159–171.

117 Sofsky, Wolfgang (2002) *Zeiten des Schreckens*. Frankfurt: Fischer.

118 Killias, Martin; Haymoz, Sandrine; Markwalder, Nora ; Lucia, Sonia und Biberstein, Lorenz (2009) *Prävention ohne Trendanalyse? Mythen und Trends zur Jugendkriminalität in der Schweiz* In: Christian Schwarzenegger / Jürg Müller (Hrsg.): Zweites Zürcher Präventionsforum: Jugendkriminalität und Prävention. Zürich: Schulthess. p. 2–24.

119 So im Daily Telegraph 16. Feb & 31. Juli 2008, 19. Januar 2009; Guardian, 16. März 2009.

120 Ob es zugenommen hat, ist jedoch höchst umstritten. Es scheint sich eher um ein Medienthema zu handeln als um ein sich ausweitendes Problem. Siehe: Engs, R. C., and Hanson, D. J. Boozing and brawling on campus: A national study of violent problems associated with drinking over the past decade. *Journal of Criminal Justice*, 1994, *22(2)*, p. 171–180.

121 Wie die Street Parade in Zürich und früher Love Parade in Berlin.

122 Siehe dazu: Malcolm, Joyce Lee (2002) *Guns and Violence*. Cambridge: Harvard University Press.

123 »Lieber Gewalt, als dieser faule Frieden!« war ein Slogan der Jugendbewegung Zürichs in den achtziger Jahren.

124 Guggenbühl, Allan (2010). *Is Peace the Cause of Violence*. In: Spring New Orleans: Spring.

125 Guggenbühl, Allan/Kunz, Martin (Hrsg.) (1997) *Das Schreckliche. Mythologische Betrachtungen zum Abgründigen im Menschen*. Zürich: Edition IKM.

126 Giegerich, Wolfgang (1994) *Tötungen: Gewalt aus der Seele*. Bern: Lang. p. 48.

127 In diesem Kapitel wird ein gruppentherapeutischer Ansatz vorgestellt, wie er vom Autor in der kantonalen Erziehungsberatung der Stadt Bern und im Institut für Konfliktmanagement und Mythodrama in Zürich praktiziert wird.

128 Jung, C.G. (1983) *Das Schattenproblem*. GV Bd. 10. Olten: Walter.

129 Dieser Ansatz wird vor allem in Kalifornien mit der »Three-Strikes-You-Out« Politik verfolgt. Nach dem dritten Delikt wird man lebenslänglich weggesperrt. Siehe: Hartmann, Kenneth E. (2009). *Mother California*. New York: Atlas. Guggenbühl, Allan (2001) *Mit Poesie der Verzweiflung Worte geben*. Aus dem amerikanischen Gefängnisalltag. In: NZZ Nr. 155, Zeitfragen, Samstag/Sonntag 7./8. Juli 2001, p. 89. Oder: Guggenbühl, Allan (2010) *Songs to Kill Time*. Oberhofen: Zytglogge (CD).

130 Hare, Robert D. (1993) *Without Conscious*. New York: Guilford. Guggenbühl-Craig, Adolf (1980) *Seelenwüsten*. Zürich: Edition-IKM.

131 Hillman, James (1975) *The Dream and the Underworld*. London: Harper.

132 Das Temenos (griech. für Heiligtum, von *temno* – abschneiden) bezeichnet den umgrenzten Bezirk eines (ursprünglich griechischen) Heiligtums.

133 Siehe Guggenbühl, Allan (2002) *Männer, Mythen, Mächte*. Zürich: Edition IKM.

199

134 Baron-Cohen, Simon (2003) *The Essential Difference. Men, Women and the Extreme Male Brain*. London: Lane.

135 Die Familienstellung ist eine Methode der Systemischen Psychotherapie. Ein Junge wird aufgefordert, seine Familie aufzustellen. Die Gruppenmitglieder stellen sich als Stellvertreter seiner Familienmitglieder zur Verfügung. Durch die Aufstellung werden Dynamiken, Positionen und das Beziehungsmuster in der Familie, so wie es der betreffende Junge wahrnimmt, erfassbarer. Siehe: Ulsamer, Bertold (2001): *Das Handwerk des Familienstellens*. München: Goldmann.

136 Beispielgeschichten können über www.mythodrama.com oder info@ikm.ch angefordert werden.

137 Siehe: Guggenbühl, Allan (1998) *Mythodrama*. Zürich: Edition IKM oder www.mythodrama.com.

138 Einschränkend muss man festhalten, dass Jugendliche, die bereits verschiedene Delikte begangen und eine lange Gewaltgeschichte hinter sich haben, schwieriger zu erreichen sind. Oft können sie die nötige Grundmotivation und Disziplin nicht aufbringen, um das Programm anzutreten. Bei diesen bleibt oft nur noch die Alternative Gefängnis oder geschlossenes Jugendheim.